W9-BJE-204

Antonio Soto González

LAS NUEVAS ADICCIONES
¿Qué son?
¿Cómo afrontarlas?

Mestas
ediciones

© Antonio Soto
© JORGE A. MESTAS EDICIONES, S.L.
Avda. de Guadalix, 103
28120 Algete - Madrid
Tel. 91 886 43 80
Fax: 91 886 47 19
E-mail: info@mestasediciones.com
www.edicionesmestas.com
 http://www.facebook.com/MestasEdiciones
 http://www.twitter.com/#!/MestasEdiciones

Ilustraciones: Rafa Soto
Director de colección: Juan José Jurado

Primera edición: *Septiembre, 2013*

ISBN: 978-84-92892-15-0
Depósito legal: M-15047-2013
Printed in Spain - Impreso en España

Reservados todos los derechos. Cualquier forma de reproducción, distribución, comunicación pública o transformación de esta obra sólo puede ser realizada con la autorización de sus titulares, salvo excepción prevista por la ley.

Diríjase a CEDRO (Centro Español de Derechos Reprográficos - www.cedro.org), si necesita fotocopiar o escanear algún fragmento de esta obra

Foto de portada bajo licencia de Schutterstock

R06020 28157

*A mis padres,
por transmitir el don de la libertad*

Índice

INTRODUCCIÓN 11

PRIMERA PARTE: ENTENDER LAS ADICCIO-NES 15

1. ALGUNOS CONCEPTOS CLAVE 17

2. ¿CÓMO ENFOCAMOS EL PROBLEMA? 25
   Distintos enfoques, distintos problemas 25
   Una mirada a la persona desde la Psicología 27
   Sanos y enfermos. Algunos tópicos 28

3. LAS DROGAS HAN EXISTIDO SIEMPRE.
   RECORRIDO POR SU HISTORIA 31
   Desde la antigüedad... y en todas partes 32
   Experiencia y aprendizaje 32
   Si son peligrosas ¿por qué se utilizaban? 33
   Entonces, ¿antes no daban tantas complicaciones? 34

4. ¿POR QUÉ AHORA SON UN PROBLEMA TAN
   GRAVE? 37

5. ¿CÓMO SE GENERA LA ADICCIÓN Y POR QUÉ
   ES TAN DIFÍCIL SALIR DE ELLA? 41
   ¿Nos ocurre solo a las personas? 41
   Los factores que inician el problema 42
   Las adicciones como intento de satisfacer nuestras
   necesidades 43

6. CEREBRO Y ADICCIÓN 47

7. LA ADOLESCENCIA Y LOS FACTORES DE RIESGO 51

8. EL PAPEL DE LA FAMILIA EN LA ADICCIÓN .. 55
La familia como afectada 55
La familia ¿parte del problema o de la solución? 56
Estilos educativos en la familia 57

SEGUNDA PARTE: LAS NUEVAS ADICCIONES 59

9. NUEVAS ADICCIONES: ¿QUÉ ESTÁ CAMBIANDO? 61

10. EL CULTO AL CUERPO Y LOS TRASTORNOS
DE LA CONDUCTA ALIMENTARIA ....
65
No quiero comer. La Anorexia ....
67
La Bulimia ....
68
La Ortorexia: obligatorio comer sano ....
71
La Vigorexia ....
71
Del espejo al quirófano: la obsesión por la estética y
sus consecuencias ....
74

11. LAS DEPENDENCIAS AFECTIVAS ....
77
Codependencia: depender del dependiente ....
77
Las "dos medias naranjas" ....
79
El eterno "Peter Pan" ....
81

12. LUDOPATÍA: A VECES JUGAR NO ES DIVER-
TIDO ....
83
Apuestas y juegos de azar ....
85
Las tragaperras como compañeras ....
86

13. LA VIOLENCIA ....
89

14. CUANDO LO COTIDIANO SE CONVIERTE
EN ADICCIÓN ....
95
Compras compulsivas ....
96
Adicción al trabajo ("Workalholism") ....
97
Malas compañías: la televisión 101
El café, la cola, y otros estimulantes de andar por casa 102

15. LA ADICCIÓN AL SEXO 105
    ¿Existe la adicción al sexo? 105
    Pornografía y contactos en la red 107

16. LAS NUEVAS TECNOLOGÍAS 109
    El teléfono: donde comienza la necesidad de estar
    "conectado" 112
    El WhatsApp y las mensajerías instantáneas 114
    Consolas y videojuegos 116
    Internet 118
    Redes sociales 121

17. NUEVAS DROGAS Y NUEVAS FORMAS DE
    CONSUMO 125
    El uso recreativo y el ocio 125
    Las drogas de diseño 126
    Nuevas y viejas drogas 129
    Nuevas formas de consumo 130
    El abuso de fármacos 132

18. ADICCIONES DE HOMBRES Y ADICCIONES
    DE MUJERES 137

**TERCERA PARTE: ALGUNAS PISTAS PARA
AFRONTAR LA SITUACIÓN** 141

19. ¿TENGO YO UNA ADICCIÓN? DIEZ IDEAS
    PARA ACLARARME 143

20. PERO... ¿SE PUEDE SALIR DE ESTO? 149

21. ¿CÓMO AYUDAR A QUIÉN YA TIENE EL PRO-
    BLEMA? 153

22. LA AYUDA PROFESIONAL PARA SUPERAR
    UNA ADICCIÓN 157

23. LA PREVENCIÓN 163

GLOSARIO DE TÉRMINOS 167

SITIOS WEB DE INTERÉS 173

ANEXOS 177

BIBLIOGRAFÍA 185

AGRADECIMIENTOS 189

Introducción

Vamos a abordar aquí el fenómeno de las adicciones y, dentro de ellas, sus manifestaciones más recientes, como las relacionadas con nuevas tecnologías, y las que no son nuevas pero están rebrotando en la actualidad.

Queremos hacerlo de manera breve, con la idea de acercar las adicciones a todos: los que no las conocen y quieren entenderlas, los que ya tienen ciertos conocimientos y les gustaría actualizarlos, y los que buscan repuestas porque el problema les toca de cerca.

Por eso, vamos a utilizar palabras sencillas, evitando el lenguaje científico pero aportando una información rigurosa y completa. Los términos más técnicos que puedan aparecer, estarán explicados en el glosario que aparece al final del libro.

También facilitaremos la lectura utilizando uno de los dos géneros (masculino o femenino) de forma genérica, sin que ello suponga un lenguaje sexista ni un menoscabo a la igualdad de todos y todas.

La idea de este libro surge al detectar que existen pocas publicaciones que expongan, de manera didáctica, las adicciones relacionadas con el estilo de vida actual.

Podemos encontrar artículos o investigaciones científicas, con explicaciones técnicas dirigidas a profesionales, pero sin dar una panorámica general.

En otros casos son noticias con detalles de actualidad, pero con información poco rigurosa y que no explican cómo funcionan las adicciones.

Si escribimos "adicción" en el navegador de Internet, seguro que obtendremos varias noticias de alguna actriz o cantante enganchada a las drogas, pero poca información objetiva.

Por ello, se trata de ser una alternativa, a medio camino entre unos y otros, pudiendo resultar útil para cualquier persona, independientemente de su formación o motivación. Esto es posible al dividir el libro en tres partes, de manera que cada una cubra necesidades diferentes.

En la **primera parte**, "**Entender las adicciones**", se describen los conceptos básicos y la evolución histórica, imprescindibles para comprender este fenómeno. También se exponen los mecanismos, orgánicos y psicológicos, que determinan cómo se produce la dependencia y por qué es tan difícil "desandar" el camino de la adicción.

En la **segunda parte**, abordaremos de manera específica cada una de "**Las nuevas adicciones**", aunque hay que aclarar que, en sentido estricto, ni todas son nuevas, ni todas son adicciones.

No es fácil determinar cuándo aparece un trastorno nuevo. A veces pasan décadas desde que se estudian los primeros casos hasta que la comunidad científica la reconoce como enfermedad con entidad propia. Y aún así, a veces no existe un consenso total.

Por eso, se incluyen algunos problemas que no cumplen todos los criterios de adicción (por ejemplo los trastornos de la alimentación, la violencia, la dependencia afectiva), pero que sí comparten con las adicciones otros aspectos fundamentales (bajo control de impulsos, sentimientos de culpa, huida del malestar, etc.).

Con ello no se pretende trasmitir que cualquier hábito puede llegar a ser una adicción, sino que dependerá de la relación que se establezca con él. De hecho, lo que para alguien puede ser un problema, puede no serlo para otro.

En este bloque abordaremos los problemas relacionados con la preocupación excesiva por la belleza, la violencia o el juego patológico. También veremos cómo ciertos comportamientos de la vida cotidiana (trabajar, ir de compras), pueden formar parte de un problema, según sean las condiciones y las consecuencias que se reciban.

Trataremos con especial atención los hábitos que realizamos gracias al apoyo de las nuevas tecnologías: hablar por teléfono, navegar por Internet, comunicarse en las redes sociales, etc.

La posibilidad de desarrollar una adicción por el uso de estas tecnologías es solo eso, una posibilidad entre todas las que aportan a nuestro día a día. Sin embargo, cuando ocurre no es fácil darse cuenta hasta que afecta a otras áreas de la vida.

En la **tercera parte**, "**Algunas pistas para afrontar la situación**", se dan nociones para saber cuándo un hábito empieza a ser un problema, qué podemos hacer si alguien ya ha desarrollado la adicción o qué pasos dar para asesorarse y pedir la ayuda de los expertos.

Con estas indicaciones no queremos sustituir el papel de los profesionales, sino poner en valor su trabajo al entender que, cuando alguien sufre un problema que no sabe resolver, se debe acudir a los especialistas adecuados.

En esta parte final del libro se pueden encontrar tests, ideas para reconocer cuándo se padece una adicción, un glosario de términos y algunas recomendaciones que pueden ayudar a conocer y prevenir mejor estos trastornos.

PRIMERA PARTE:
ENTENDER LAS ADICCIONES

1. Algunos conceptos clave

Antes de entrar a exponer cómo se desarrollan las adicciones y cómo han estado presentes en la historia de la humanidad, es conveniente definir de qué estamos hablando.

Incluso aunque conozcamos los términos más comunes (droga, adicción, mono, dependencia, etc.), nos sorprendería comprobar cómo no significan exactamente lo mismo para todos. Más aún cuando muchos de ellos se utilizan coloquialmente con significados distintos a los originales.

Vamos por tanto a clarificar en este punto las ideas clave, procurando utilizar las definiciones más aceptadas sin que resulten excesivamente técnicas. Los términos que no aparezcan aquí (por no considerarse fundamentales) podrán consultarse en el glosario final del libro.

Droga. Sustancia que al introducirse en el cuerpo produce cambios en sus funciones. Esta definición es tan amplia que incluye todos los fármacos y las sustancias naturales que tienen efectos al ser consumidas. Por eso, en el ámbito de las adicciones nos vamos a referir a aquellas drogas con efectos psicoactivos, es decir, que puedan producir cambios en las funciones psíquicas (atención, pensamiento, memoria, etc.).

Uso. Se refiere a la utilización de sustancias adictivas sin que aparezcan efectos negativos de importancia. Al referirnos a las adicciones en las que no se consumen drogas, hablar de "uso" sería hacerlo de un comportamiento normal, no problemático.

> *Ejemplo:*
>
> La ludopatía o adicción al juego es una adicción en la que no se consume ninguna droga. La práctica de juegos de azar sin que existan consecuencias negativas no tiene por qué asociarse a la adicción.

Abuso. Hay falta de control en el consumo o comportamiento, aunque no llegue a producirse la dependencia. Aparecen efectos perjudiciales, bien por un consumo puntual excesivo (intoxicación) o por el uso reiterado a lo largo del tiempo.

> Según sea la situación, un uso puntual no excesivo puede ser tan peligroso como una intoxicación. Es el caso de tomar una copa antes de conducir: como consumo no llega a ser abusivo, pero en esa situación puede considerarse un "mal uso".
>
> En las adicciones sin sustancias, el "abuso" tiene lugar cuando hay consecuencias negativas por repetir el comportamiento (juego, compras, Internet) o porque interfiere en las otras actividades.

> *Ejemplo:*
>
> Si un adolescente empieza a dedicar cada vez más tiempo a navegar por Internet, no es necesario que llegue a producirse la adicción como tal, ese "abuso" puede provocar problemas académicos, conflictos familiares, etc.

Dependencia. Conjunto de síntomas que incitan al consumo de una droga o a la realización de un comportamiento determinado. Se diferencian dos tipos:

Dependencia física. Fuerte deseo de la droga, a causa de las desagradables sensaciones físicas que aparecen al suspender su consumo.

No existe acuerdo total entre los expertos acerca de la dependencia física en las adicciones sin drogas, aunque cada vez hay más datos que la avalan.

Dependencia psicológica. Búsqueda de la sustancia o conducta adictiva, por las sensaciones gratificantes que genera. Puede seguir presente mucho tiempo después de haber superado la dependencia física.

Síndrome de abstinencia. Conocido vulgarmente como "mono", es el conjunto de síntomas de la dependencia física. Siempre se presenta con fuerte malestar, aunque varía según el tipo de sustancia, la forma de consumo, la cantidad, etc.

Recaída. Es la vuelta a la adicción después de un periodo de abstinencia total. Es un proceso complejo, que puede pasar por varias etapas antes de tomar la sustancia. Un consumo puntual, sin que haya otros cambios, no sería una recaída completa.

También puede considerarse recaída la vuelta al estilo de vida asociada a la adicción, aunque no se consuman drogas.

Experiencias:

Algunos adictos, después de mantener la abstinencia durante un periodo de tiempo, retornan a los hábitos que tenían cuando consumían (mentiras, relaciones con otros consumidores, actividades ilícitas, etc.) incluso aunque no vuelvan a tomar drogas.

> Esto puede suceder porque no se adaptan a su nueva realidad y se sienten aburridos, tristes o solos. En la práctica, supone una recaída en toda regla y, termine o no en consumo de sustancias, se precisa ayuda para superar la situación.

Tolerancia. Adaptación del organismo a la sustancia o comportamiento adictivo: el efecto se hace menos potente, siendo preciso aumentar la dosis para mantener la intensidad deseada.

> Puede ser muy rápida en algunas sustancias (alcohol, opiáceos...) y más lento en otras (cocaína, ciertos fármacos...), pero es común a todos los comportamientos adictivos (con o sin sustancia) que siempre se quiera más.

Tolerancia cruzada. Ocurre cuando distintas drogas son metabolizadas de manera parecida y producen efectos similares (sustancias *"agonistas"*).

> Al consumir una sustancia el cuerpo desarrolla tolerancia también a su agonista, aunque no se consuma ésta.

> *Ejemplo:*
>
> Una persona que consuma alcohol, puede desarrollar tolerancia a algunos tranquilizantes, aunque nunca los haya tomado, ya que son sustancias agonistas.

Este concepto es importante para entender que no es suficiente la abstinencia a la droga que ha generado la adicción, y que el uso de otras sustancias puede suponer la recaída.

Adicción. Se considera una enfermedad crónica del cerebro, con tendencia a la recaída, caracterizada por la búsqueda y el uso compulsivo de drogas, a pesar de las consecuencias nocivas.

Obsesión. Pensamiento que se repite con frecuencia, generalmente relacionado con alguna preocupación, que genera malestar y ansiedad. En el Trastorno Obsesivo-Compulsivo (T.O.C.) se intenta reducir la ansiedad con la repetición de un comportamiento ritual (llamado "compulsión"), que resulta muy difícil de evitar a pesar de que se considere exagerado.

> *Ejemplo:*
>
> Una persona que se obsesione con la posibilidad de coger una infección, puede desarrollar el ritual de lavarse las manos una y otra vez, siguiendo unas pautas muy rígidas, como única forma de reducir su ansiedad.

En ocasiones, una adicción puede desarrollarse de forma similar a como lo hace una obsesión. Como veremos más adelante, el consumo de drogas o el comportamiento adictivo pueden funcionar como compulsión en el intento de reducir el malestar.

Comportamiento adictivo (en adelante, **C.A.**). Es la adicción que se manifiesta en la repetición de una conducta, actividad o patrón de comportamiento, en la que la persona afectada reproduce las mismas pautas de pérdida de control y dependencia que en las adicciones a sustancias químicas.

No existe aún un acuerdo total en la definición de las adicciones sin sustancia (también llamadas **adicciones psicológicas** o **comportamentales**), pero cada vez hay más expertos que aceptan su existencia.

Lo que caracteriza al C.A. no es tanto el tipo de conducta que se lleva a cabo, sino la manera en que la persona se relaciona con ella.

El comportamiento puede iniciarse por la búsqueda de nuevas sensaciones o por tratarse de conductas que son gratificantes por sí mismas: comer, jugar, hacer deporte, practicar sexo, comunicarnos en las redes sociales, etc.

Sin embargo, si se dan las condiciones oportunas puede desarrollarse una dependencia que impulsará a la repetición del comportamiento como forma de evitar un malestar, generalmente emocional.

Para delimitar cuándo estamos hablando de un C.A. y cuando de un comportamiento normalizado, vamos a exponer sus características, a partir de la descripción que hace el catedrático de psicología de la Universidad del País Vasco, Enrique Echeburúa:

Pérdida de control de la conducta problemática, que se realiza incluso cuando ya provoca problemas de salud, económicos o de relación con los demás.

Fuerte dependencia psicológica que se manifiesta en la búsqueda de la actividad deseada y el pensamiento recurrente en ella cuando no puede realizarse.

Pérdida de interés por otras actividades gratificantes, que dejan de ser atractivas y cuyo tiempo es ocupado por la conducta problema o por la búsqueda de medios para realizarla.

Interferencia grave en la vida cotidiana, tanto a nivel personal como social. Nos referimos aquí a problemas de salud (a causa de la práctica del comportamiento o, por ejemplo, falta de descanso, descuido de las comidas, etc.), de relaciones familiares, laborales, etc.

Estos factores deben valorarse en función del contexto y la evolución en el tiempo. Si los aplicamos a una situación puntual, podríamos catalogar erróneamente de adicto al adolescente que se enamora por primera vez o al que empieza a salir con sus amigos.

Experiencias:

El criterio de la interferencia en la vida personal es fundamental a la hora de delimitar cuándo hablamos de un Comportamiento Adictivo, ya que otros como el tiempo o dinero dedicados pueden resultar poco significativos en algunos casos.

De hecho, es un factor que los profesionales utilizamos para valorar la gravedad de una adicción, con o sin sustancia. A mayor interferencia y afectación de la vida personal (trabajo, estudios, relaciones, etc.), más avanzado está el problema, aunque el consumo o el tiempo dedicado al C.A. no sea muy elevado.

2. ¿Cómo enfocamos el problema?

Distintos enfoques, distintos problemas.

Para iniciar este itinerario en el área de las adicciones, además de definir los conceptos básicos, queremos detallar cuál es nuestro punto de partida y en qué aspectos de esta realidad vamos a poner nuestro acento.

Un tema de la magnitud de las adicciones puede ser abordado desde puntos de vista muy distintos. En el cuadro que presentamos a continuación se exponen los principales.

En la mayoría de estos enfoques, la respuesta que se da al problema de las adicciones aparece cuando ya existe un impacto en la salud de las personas, o una situación que genera alarma social y que exige actuaciones urgentes.

Cuando hablamos de adicciones sin sustancia o comportamientos adictivos, existe aún un importante vacío en muchas de las áreas que hemos citado, debido a varias razones:

Falta de normativas y leyes actualizadas, que hace difícil discernir cuándo ciertos comportamientos pueden ser un delito, como ocurre con las descargas en Internet o cuando se difunde información personal.

Algunos comportamientos problemáticos pertenecen a la intimidad, y raramente se pide ayuda profesional, por lo que son menos visibles. Ocurre, por ejemplo, con la adicción a Internet o las dependencias afectivas.

Se tiende a considerar que la drogadicción es la sustancia que se consume, que es mala por sí misma. El abuso de fármacos no se percibe tan grave como el consumo de drogas ilegales.

Cuando se trata de actividades cotidianas, aunque su abuso provoque problemas, no se genera alarma social. Una persona

¿QUIÉN?	PROBLEMA	CAUSAS	INTENTO DE SOLUCIÓN
POLÍTICOS	-Opinión publica negativa -Economía	-Riesgos epidemiológicos -Conflictos sociales	-Reducir alarma social -Generar confianza
SISTEMA JUDICIAL	-No control de la venta y el consumo -Conflictos y delitos	-Tráfico y consumo de sustancias ilegales -Delincuencia organizada	-Erradicación del tráfico de drogas ilegales -Penalizar los delitos
SISTEMA SANITARIO	-Conjunto síntomas = Enfermedad	-Trastorno del organismo -Comportamientos de riesgo, falta de información	-Curación de la enfermedad -Paliar síntomas -Prevención
PERSONA ADICTA	-Consecuencias negativas: enfermedades, conflictos con la familia, ruina, etc.	-Varias, aunque es común culpar a los demás (familia, sociedad, etc.)	-Reducir el malestar y consecuencias negativas -Controlar la adicción

con vigorexia o adicta al trabajo puede ser una triunfadora a los ojos de los demás.

Los puntos de vista de los distintos agentes implicados y cómo difieren en la definición del problema, la explicación de su origen y los intentos de solución.

Sin embargo, la sustancia o el comportamiento del que se abuse puede no ser más que un síntoma de un problema más profundo, como veremos más adelante.

Cuando llega alguien a pedir ayuda para dejar una adicción, es frecuente escuchar literalmente "mi problema es el alcohol" o "mi problema es la cocaína" o "mi problema es el sexo".

Es frecuente identificar a la sustancia o comportamiento problemático como la causa de un problema que tiene que ver también con el autocontrol, la comunicación, la autoestima, etc.

Sin embargo, las sustancias adictivas, las nuevas tecnologías, el sexo, el dinero, el trabajo, etc., están ahí. El uso que cada uno haga será el que determine si se convierte en un problema.

En ocasiones, la persona que culpaba a la sustancia de ser el problema, conseguía mantenerse abstinente sin cambiar nada más. Al tiempo, regresaba para pedir ayuda por una sustancia distinta, pero repitiendo el mismo problema.

Una mirada a la persona desde la Psicología.

Queremos poner el acento en la PERSONA. No hablar de *adictos*, sino de *personas con problemas de adicción.* Lo primero etiqueta a la persona, que "es" el problema y lo segundo orienta a la solución, porque quien "tiene" un problema puede dejar de tenerlo.

En la psicología hay muchas corrientes, cada una con sus propias aportaciones acerca de cómo se desarrollan los problemas mentales y la forma de abordarlos.

Esto puede entenderse como una dificultad, pero también como una riqueza, ya que aportan diferentes estrategias terapéuticas que, la mayoría de las veces, no tienen por qué ser incompatibles.

Algunas teorías coinciden en comprender a la persona en su totalidad, no se centran sólo en los síntomas o en el diagnóstico. Otras van más allá y dan gran importancia al entorno y las relaciones para entender qué ocurre.

Las escuelas de psicología humanista, las teorías sistémicas y otras comparten esa mirada. La adicción puede ser un intento fallido de resolver problemas, personales o externos, que parecen ajenos a ella.

En las adicciones psicológicas se comprueba cómo un comportamiento considerado "normal", puede ser adictivo cuando hay un desequilibrio en el estilo de vida.

Las causas de una adicción pueden ser muchas y variadas, pero si se trabaja para lograr un estilo de vida sano y equilibrado, se pueden afrontar todas ellas.

Sanos y enfermos. Algunos tópicos.

Cuando hablamos de la adicción como enfermedad, preferimos hacerlo partiendo del siguiente esquema:

Es un continuo con dos polos, donde cada persona puede encontrarse en un punto intermedio distinto, más cerca de uno o de otro.

Lo contrario sería aceptar solo dos extremos, sin punto medio: sano-enfermo, adicto-no adicto, loco-cuerdo, etc. Esto se hace por comodidad, pero no se corresponde con la situación de cada persona.

Tampoco interesa hacer valoraciones morales de las personas adictas. Afirmaciones del tipo *"no es una enfermedad, es un vicio"*, *"el que hace eso es porque quiere"*, además de no ajustarse a la realidad, no son útiles para buscar soluciones.

Resulta fácil caer en una postura de crítica, especialmente para las personas que se ven afectadas por el problema:

si son dependientes, la culpabilización genera malestar, propicia nuevas recaídas y termina formando parte del bucle adictivo;

si son familiares o amigos, puede ser una forma de explicar lo que ocurre, para reducir un malestar demasiado intenso.

Lo peor es cuestionar la capacidad de la persona para recuperarse y llevar una vida más sana. Si atribuimos el problema a factores internos e irreversibles, se cierra toda posibilidad de cambio.

Es más útil, aunque pueda ser más difícil, tratar de entender las conductas, por qué (o para qué) ocurren y cómo pueden cambiar.

Experiencias:

En mi trabajo con toxicómanos he aprendido lo absurdo de los pronósticos acerca de quién va a superar el problema. Al principio quieres creer que todos van a lograrlo. A veces, tienes la sensación de que, quizás, nadie lo consiga.

Con el tiempo he aprendido a confiar en la persona y a desconfiar de los comportamientos. El adicto puede engañarse a sí mismo, a los demás, no controlar sus impulsos, etc., y ante eso hay que estar alerta, pues impide el cambio.

Sin embargo, sí creo que "cualquiera puede recuperarse". En una ocasión, una psiquiatra que nos daba un curso explicó que los toxicómanos con un determinado trastorno mental no pueden recuperarse. Me alegré de no haberlo sabido tiempo atrás, cuando terminó el tratamiento un usuario con esas características.

3. Las drogas han existido siempre. Recorrido por su historia

"Los chicos se dejaron el pelo más largo y se vistieron con pantalones ajustados. Empezó a ser costumbre frecuente reunirse de noche para organizar "bebecuas" colectivas en la calle, lo que provocaba gran alboroto y molestias a los vecinos, pues hacían, para animarse, música estruendosa."

Si alguien nos contara que este texto es parte de una noticia reciente, o algún comentario entre vecinos de un barrio, posiblemente no nos chocaría demasiado. Y si escribimos *botellón* donde pone *bebecua*, aún menos.

Sin embargo, se trata de un extracto, con ligeros retoques, de la crónica escrita por Amiano Marcelino acerca de la juventud de Roma... ¡en el siglo IV d.C.!

Quizás no sea un estricto ejemplo de las adicciones, pero sí de que los hábitos perjudiciales que consideramos modernos, no los son tanto.

Desde la antigüedad... y en todas partes.

Cada civilización, cultura o etnia, a lo largo de la historia de la humanidad, ha utilizado alguna sustancia con propiedades adictivas.

El alcohol fermentado de la uva en el Mediterráneo, el cannabis y sus derivados en el Magreb, el opio en Asia, el tabaco y la coca en América; son solo algunos ejemplos.

El origen de este uso parte del conocimiento de los recursos naturales. A la vez que los primeros humanos aprendían qué plantas eran comestibles, también experimentaron que al comer algunos frutos maduros se producía una sensación de embriaguez, a causa del alcohol de la fermentación de los azúcares de la fruta.

De la misma manera que descubrían que una seta era venenosa, también comprobaban que, en pequeñas cantidades, producía alucinaciones.

El conocimiento de las sustancias que producen cambios psíquicos y generan adicción, es paralelo al de las que son útiles para alimentarse, cazar (como el veneno de las flechas) o protegerse (como los combustibles que mantienen vivo un fuego).

Experiencia y aprendizaje.

Pero el contacto del hombre con las sustancias adictivas no se limita al conocimiento de los efectos de plantas y frutos. Eso ya lo hacen algunos animales.

En los humanos, el aprendizaje de patrones de comportamiento cada vez más complejos permite, no solo conocer los frutos de la naturaleza, sino también la manipulación y transformación de los mismos.

Continuando el ejemplo anterior, a la vez que los hombres aprendían a cocinar con fuego, o a conservar alimentos en sal, también conocían cómo conseguir vino mediante la fermentación o cómo hacer una infusión de opio.

Todo ello forma parte de la evolución de la especie humana, en unos términos que ya van más allá de la de los demás animales. La búsqueda intencionada de compuestos que alteran la consciencia parece, por tanto, exclusiva de los humanos.

Si son peligrosas ¿por qué se utilizaban?

El hecho de que hayan llegado a nuestros días multitud de drogas que ya se utilizaban hace miles de años, es una prueba de que han tenido una función o utilidad para la sociedad.

Esto puede resultar chocante porque va contra el concepto que hoy día tenemos de las drogas, pero es obvio que no siempre se ha percibido así.

Igual que hoy utilizamos medicinas (*drugs* en inglés significa igualmente *fármaco* o *droga*), en prácticamente todas las culturas han existido sustancias que se han utilizado con el mismo fin.

En otros casos son funciones sociales, como ocurre con el alcohol y el cannabis cuando se han estado utilizando como "facilitador" de las relaciones. También se dan usos rituales y religiosos, como los hongos alucinógenos en Centroamérica.

En todas las prácticas descritas, la utilización de sustancias psicoactivas conlleva ciertos riesgos. Sin embargo, se mantiene el uso siempre que se perciba un equilibrio entre esos riesgos y los beneficios sociales que se le atribuyen.

El mantenimiento de ese equilibrio depende, por una parte de la función social que se le otorgue a esa droga y, por otra de los efectos de la sustancia y los mecanismos de protección que tenga esa sociedad.

Entonces, ¿antes no daban tantas complicaciones?

Cuando se descubrió el fuego, seguro que hubo alguno que se quemó el primero. Cuando se empezaron a utilizar sustancias tóxicas, la propia experiencia llevó a que se hiciera en determinadas circunstancias y no en otras; es lo que se conoce como los *rituales* de consumo.

Por ejemplo, los hongos alucinógenos se asocian a ceremonias religiosas, interpretando las alteraciones perceptivas como manifestación divina. Su uso por otras personas, en otros momentos o con otras intenciones puede estar prohibido o mal visto. De esta forma se limitan de forma muy importante los riesgos asociados a su consumo.

En el caso de España, con el alcohol no existe un ritual tan marcado, pero sí unas normas sociales no escritas que desde siempre, han regulado su consumo.

Según el contexto cultural, podrían ser éstas: "Se puede consumir alcohol fermentado pero no destilado, sólo los varones, a partir de una cierta edad, y únicamente en la comidas, fiestas o después del trabajo". Pueden existir excepciones, pero las reglas básicas están presentes.

Esas pautas pueden variar de una cultura a otra, o a lo largo del tiempo, pero son un reflejo de los intentos de una sociedad por limitar los riesgos de sus integrantes. Son un "mecanismo de defensa" que regula los hábitos de consumo evitando males mayores.

Seguro que, incluso con esas "normas", existían adictos, problemas de salud y muertes a causa del abuso de sustancias adictivas, pero este impacto estaba amortiguado por esas reglas que condicionan el consumo. Es evidente que había problemas, pero no de la magnitud de los que se padecen en la actualidad.

Cuando el consumo de una droga está fuertemente arraigado en una población, es más probable que se reste importancia a sus riesgos, mientras que una droga "extranjera" desata la alarma fácilmente.

Esto ocurre hasta que los perjuicios que genere esa sustancia sean tan elevados, que el coste sea imposible de asumir y cambie la percepción respecto a esa droga.

Ejemplo:

En los países mediterráneos en los que el uso del alcohol está asociado a sus costumbres, siempre se le ha quitado importancia a los problemas derivados de su consumo abusivo.

A pesar de que, objetivamente, el alcohol ha provocado mayor impacto en la salud y mayor número de adictos que otras drogas menos conocidas, no genera tanta alarma social como éstas.

En términos sociales, el alcohol ni siquiera llega a considerarse una droga más. En los medios de comunicación se dice con frecuencia: "el alcohol y las drogas...", como si fueran cosas distintas.

4. ¿Por qué ahora son un problema tan grave?

Una sustancia como el alcohol destilado, ampliamente utilizada en Europa, provocó estragos en los indígenas de América, que no la conocían.

¿Por qué?

Porque cuando empezaron a consumirla no tenían rituales de consumo ni conocían sus riesgos. Por eso, los efectos negativos fueron mucho más graves en los indios que en los europeos que lo llevaron consigo.

Casi a la vez, los invasores europeos conocieron la coca, planta originaria de América, que los indígenas de los altiplanos mascaban para mitigar el "mal de altura", aprovechando su efecto estimulante.

Fuera de ese contexto, las hojas de coca se procesan para elaborar la cocaína, que es una de las drogas ilegales más consumida en todo el mundo.

Lo que ocurre en estas situaciones es que lo que era un "ingrediente" natural de la cultura de una región, traspasa las fronteras, dejando atrás las pautas que servían para reducir los riesgos.

En otros casos, son las transformaciones sociales como las migraciones, o los cambios de las propias sustancias (bebidas con más alcohol, nuevos fármacos, etc.) los que enfrentan a las personas con drogas desconocidas, ante las que no tienen mecanismos de control.

Las consecuencias de estos cambios van más allá de la desaparición de sus pautas de consumo. Cuando las drogas no tienen ya una función determinada, se convierten en un producto de consumo: ya no hacen falta razones, se utilizan y punto.

Ejemplo:

La heroína fue desarrollada a partir del opio, buscando un fármaco para la tos.

Cuando se comercializó como remedio para curar a los adictos a la morfina, no se pensaba que terminaría siendo una droga ilegal, con consecuencias devastadoras en drogodependientes de todo el mundo.

Otro factor que multiplica los problemas provocados por las drogas es su disponibilidad. Es lo mismo que ocurre con las armas de fuego: donde es fácil conseguirlas hay más heridos de bala que donde está más controlada su venta.

Sin negar el tópico de que lo prohibido atrae más, lo que se ha demostrado en infinidad de ocasiones es que cuanto más accesible y barata sea una sustancia, más se consumirá y tendrá peores consecuencias.

En el caso de drogas legales, las estrategias más eficaces para reducir el consumo son las de control de la oferta: subir los precios y restringir su uso a determinadas circunstancias. Es lo que ocurre con las leyes que controlan la venta y el consumo de alcohol y tabaco en muchos países.

Cuando hablamos de la disponibilidad de las sustancias puede surgir el tema de la legalización de las drogas. Se pueden encontrar numerosos ejemplos y argumentos a favor y en contra de la legalización, pero pase lo que pase con ésta, seguirán existiendo personas con problemas de adicción.

En cuanto a las nuevas adicciones, comportamientos como el abuso de fármacos, los contactos anónimos a través de redes sociales o navegar por Internet están tan disponibles, que resulta fácil que algunas personas se "enganchen" a ellos, aunque no sean adictivos por sí mismos.

Esto ocurre cuando una conducta normal se utiliza para evadirse de una realidad desagradable, llenar un vacío personal o para conseguir satisfacciones fáciles y rápidas... aunque poco duraderas. Pero esto lo explicaremos en el próximo capítulo.

5. ¿Cómo se genera la adicción y por qué es tan difícil salir de ella?

¿Nos ocurre solo a las personas?

Las escenas de animales ebrios por comer fruta madura con contenido alcohólico, como pueden verse en documentales o videos de Internet, son situaciones anecdóticas poco equiparables con las adicciones propiamente dichas.

El uso de alguna sustancia psicoactiva por diversión, o para conseguir determinado efecto, requiere una elevada capacidad de comprensión y una intención consciente, y ambas aptitudes son exclusivamente humanas.

Sin embargo, esto no significa que los animales no puedan desarrollar tolerancia a alguna sustancia. Los cambios químicos responsables de la dependencia física funcionan de forma parecida en cualquier mamífero.

En muchas investigaciones con fármacos se han utilizado ratas, monos y otros animales, que llegaban a desarrollar adicción física a las sustancias, interfiriendo en su comportamiento normal.

Ejemplo:

Se han realizado experimentos con animales en los que se estimulaba el centro relacionado con la sensación de placer, que también es activado al consumir drogas.

El animal aprendía que presionando una palanca podía recibir comida, mientras que presionando otra recibía la estimulación cerebral. El resultado era abrumador: preferían morir de hambre antes que dejar de recibir la estimulación placentera.

Los mecanismos de la adicción.

Se puede decir que existen tres factores fundamentales que se relacionan con el abuso y dependencia de las sustancias psicoactivas. Estos son:

Las **características de la sustancia** y su acción en el organismo. La tolerancia, las sensaciones subjetivas o los efectos secundarios son, entre otros, factores que determinan el abuso y dependencia a unos compuestos y no a otros.

En el caso de las adicciones comportamentales, es más probable desarrollar dependencia a una conducta que es gratificante, estimulante y que acapare la atención por sí misma, (comer, jugar, hacer deporte, etc.).

En el próximo capítulo desarrollaremos más detenidamente el fenómeno del efecto de las drogas en el organismo.

Las **características propias de cada individuo:** su carga genética, sus rasgos de personalidad y su experiencia de aprendizaje. Ellas determinan quién tiene más riesgo de desarrollar una adicción.

Aunque no existen factores personales (innatos o aprendidos) que puedan explicar de forma concluyente quién será adicto y quién no, más adelante veremos que existen ciertas variables que predisponen a ser más vulnerable.

El tercer factor, que ya hemos comentado, es **el ambiente y el medio sociocultural.** La estructura social, las normas culturales, los hábitos, etc., son realidades que determinan y regulan toda la vida de las personas.

La adicción como intento de satisfacer nuestras necesidades.

El psicólogo estadounidense Abraham Maslow (1908-1970) estableció una jerarquía de las necesidades humanas que sigue estando vigente.

Las necesidades se representaban dentro de una pirámide, colocando en la base las más imprescindibles para la vida y comunes a todos los seres vivos.

Al ir subiendo la pirámide, nos vamos encontrando con necesidades menos básicas, más específicas de animales superiores o incluso las exclusivas de los seres humanos.

La conclusión más inmediata es que mientras no se satisfagan necesidades más perentorias como respirar o comer, es imposible que nos planteemos otras de orden superior, como las afectivas.

También podemos obtener otras reflexiones que no son tan obvias, pero resultan igualmente importantes a la hora de entender cómo buscamos satisfacción y felicidad:

La primera es que a medida que se van cubriendo (mejor o peor) las necesidades más básicas, prácticamente termina su aportación a nuestro bienestar.

Ejemplo:

Si conseguimos saciar nuestra hambre, no vamos a obtener más satisfacción de la comida, aunque se trate de un manjar digno de un rey.

Cuanta más primaria sea una necesidad, menos influirá en nuestra felicidad. La gran diferencia está en satisfacerla o no, siendo secundario que se haga mejor o peor.

Ejemplo:

Si tengo mucho sueño, la clave será que consiga dormir, y preferiré hacerlo en el suelo que quedarme sin dormir en una cama lujosa.

A medida que ascendamos en la pirámide, se difumina un tanto esa frontera de *estar saciado* a la que nos referíamos con la comida.

> *Ejemplo:*
>
> Las expresiones de afecto con las personas que quiero me siguen resultando placenteras, aunque ya las haya recibido hace un momento.

Cuando nos referimos a necesidades superiores, sí que podemos hablar de satisfacciones más duraderas, más parecidas a lo que entendemos por felicidad.

> *Ejemplo:*
>
> Si consigo el éxito en un proyecto en el que he estado trabajando, las sensaciones serán mucho más duraderas e influirán más en mi autoestima que la satisfacción de necesidades más básicas.

Es frecuente que se inicie una adicción cuando se buscan satisfacciones fáciles y rápidas, ante la creencia de que no voy a obtener lo que realmente necesito.

El malestar que se genera ante experiencias tales como la soledad, la frustración, la falta de metas personales, etc., puede ser el detonante de un consumo inicial de sustancias o de otras formas de evasión, como el juego patológico o la adicción a las compras.

6. Cerebro y adicción

Nuestro cerebro es un gran centro de comunicaciones en miniatura que se compone de miles de millones de neuronas. Éstas se conectan entre sí, formando diferentes estructuras, vías de comunicación entre las distintas áreas del cerebro.

A través de estas redes se transmite, estimula y regula todo lo que sentimos, pensamos y hacemos.

La forma de comunicarse de las neuronas entre sí es a través de **neurotransmisores**, "mensajeros" químicos que envían información hasta su receptor específico en otra neurona.

Según los estímulos externos y la actividad que realicemos, se activarán unas áreas cerebrales u otras, con sus respectivos neurotransmisores. Cada área tiene su acción específica: información sensorial, activación, relajación, sensación de placer o malestar, etc.; todo ello de manera totalmente natural.

Cuando una droga se introduce en el organismo, actúa en el sistema cerebral interfiriendo en el funcionamiento normal de las células nerviosas y alterando su equilibrio.

Esto ocurre porque se parece a un neurotransmisor y ocupa su lugar, o porque actúa amplificando la señal normal y provoca una reacción desproporcionada.

Estos efectos pueden ser puntuales y no provocar mayores secuelas, pero cuando el consumo se repite llegan a generar dependencia física.

El desarrollo de la dependencia también se asocia a que todas las drogas activan, en mayor o menor medida, las áreas cerebrales asociadas a la sensación de placer, cuyo neurotransmisor es la **dopamina**.

Este circuito está diseñado para que las actividades fundamentales para la vida (especialmente alimentación y reproducción, pero también otras) se acompañen de sensaciones agradables y satisfactorias, favoreciendo así su búsqueda y repetición.

Al consumir drogas, el efecto placentero es parecido a cuando realizamos actividades gratificantes cotidianas, pero con una intensidad y rapidez muy superior. Así, su impacto queda grabado en los centros cerebrales de la memoria inconsciente, generando una fuerte motivación a repetir el consumo.

Este fenómeno también ocurre cuando se repite un determinado comportamiento, buscando obtener placer. Si, posteriormente, se utiliza para eliminar sensaciones desagradables, puede desarrollarse una relación adictiva con ese comportamiento.

Ejemplo:

Una persona a la que le gusta mucho comer y disfruta con ello, puede asociar *comida=bienestar*. Si al sentirse triste o tener un

---

> conflicto come, para no sentir ese malestar, tiene muchas posibi-
> lidades de que comer sea un comportamiento adictivo para ella.

A largo plazo, el cerebro se acostumbra a esa sobreestimula-
ción de las zonas relacionadas con la sensación de placer, ajus-
tando el equilibrio a la nueva situación. Así, las actividades cotidianas que normalmente resultan placenteras, ahora saben a
poco.

> *Ejemplo:*
>
> Es como si nuestra vista se acostumbrara a un ambiente excesi-
> vamente iluminado. Si volvemos a un espacio con luz natural,
> nos parecerá estar a oscuras hasta que nuestros ojos se adapten
> a la nueva situación.

Cuando esto ocurre, también se encuentran afectados los cir-
cuitos cerebrales de la motivación y el autocontrol. La atención
se concentra en el consumo, que es cada vez más automático,
compulsivo e irrefrenable.

Este mecanismo está directamente relacionado con el síndrome de abstinencia y con las constantes recaídas que sufren los
adictos:

El **síndrome de abstinencia** aparece cuando se suspende el
consumo o comportamiento adictivo, una vez que el organismo se había acostumbrado a esas sensaciones placenteras (relajación, desinhibición, euforia, etc.).

La **recaída** puede iniciarse por el intento de evitar los síntomas
de la abstinencia (en los días posteriores a su inicio), o por las
sensaciones de apatía e insatisfacción experimentadas cuando
las actividades cotidianas no consiguen llenar ese vacío.

La sensación de insatisfacción puede continuar bastante
tiempo después de abandonar el consumo, y es muy sig-

nificativo en adictos a estimulantes (cocaína, anfetaminas) y en la mayoría de adicciones psicológicas, cuando se busca el efecto excitante de la actividad (videojuegos, sexo, compras, ludopatía, etc.).

El **craving** es el deseo fuerte y repentino por volver a consumir, después de un largo periodo de abstinencia, incluso meses o años. Se activa de manera brusca, por lo que en ocasiones no se dispone de recursos para afrontar la situación con éxito.

Esto ocurre porque la adicción sigue grabada en una especie de memoria automática, donde se archivan las actividades que se hacen de manera automática y que no se olvidan fácilmente, cómo conducir un coche o montar en bici. Ciertas situaciones o recuerdos pueden ser el detonante para que aparezca este deseo.

Aclaración:

El fenómeno del *Craving* se asocia en ocasiones con el síndrome de abstinencia, pero no tiene nada que ver con él porque sucede mucho tiempo después de la desintoxicación.

Además, refuerza la percepción que muchos tienen de que nunca se supera una adicción, debido al gran desconcierto que supone la experiencia del "craving" para una persona que ya se considera deshabituada.

Por eso, es de vital importancia conocer cómo funciona este mecanismo y estar preparado para un episodio de este tipo, que puede provocar una brusca recaída.

7. La adolescencia y los factores de riesgo

"Los adolescentes están preparados para contradecir a sus padres, monopolizar la conversación, comer glotonamente y tiranizar a sus profesores."

Si hacemos caso a esta afirmación del filósofo griego Sócrates, allá por el siglo V antes de Cristo, nos haremos una imagen excesivamente negativa de los adolescentes.

Las actitudes propias de la adolescencia, en cuanto a la impulsividad y la trasgresión de normas, tienen también su explicación, más allá de la descalificación. No es una justificación, existen factores que deben conocerse para poder prevenir consecuencias graves de estos comportamientos.

En el caso de los adolescentes se da la particularidad de que su cerebro aún no está completamente formado. Por eso, son más vulnerables al desarrollo de la dependencia y existe más riesgo de tener secuelas permanentes.

El desarrollo del cerebro humano se completa alrededor de los 20 ó 21 años, siendo precisamente el área responsable del autocontrol una de las últimas en consolidarse.

Esto explica en parte por qué los adolescentes pueden realizar comportamientos de riesgo sin apenas mostrar temor. El miedo a las consecuencias de nuestros actos también se localiza en la misma zona del cerebro y forma parte de la toma de decisiones. Los niños y adolescentes, aún estando bien informados, tienen dificultades para considerar que los riesgos les afecten a ellos.

Por otra parte, el delicado momento evolutivo que es la adolescencia añade una serie de factores de riesgo a los que ya hemos citado. Vamos a agruparlos de la siguiente manera:

Factores personales. Además de la inmadurez del cerebro que ya hemos comentado, también se desarrollan nuevas capacidades, como la de cuestionar lo establecido y considerar distintas alternativas, lo que puede derivar en confrontación con la autoridad.

> Es un momento donde aparecen situaciones nuevas: cambios físicos y hormonales que condicionan el comportamiento, la necesidad de conformar su propia identidad, la búsqueda de modelos fuera de su familia, etc.

Factores familiares. Las necesidades que hemos descrito suponen un conflicto interno para el joven, pero también con sus padres y educadores, que hasta entonces eran sus principales referentes.

Las normas y pautas que venían siendo aceptadas en casa y escuela pueden ahora ser cuestionadas, la autoridad de los adultos discutida y los conflictos latentes se hacen visibles. A los padres, estos cambios les pillan sin estrategias para afrontarlos.

Factores sociales. La necesidad de buscar referentes fuera de casa provoca que el interés del adolescente se focalice en su pandilla y amigos, muy por encima de familia, estudios e incluso aficiones que antes eran importantes.

La influencia de los iguales es muy alta y su aprobación, imprescindible. Evitar el rechazo de un grupo determinado puede llevar a realizar conductas de riesgo (violencia, consumo de sustancias, prácticas sexuales no deseadas, etc.) que eran impensables hasta entonces.

Por todo lo anterior, muchas de las intervenciones y programas de prevención de adicciones que se realizan, en centros educativos o con familias, centran gran parte de sus esfuerzos en retrasar la edad de inicio en el uso de sustancias o los comportamientos de riesgo.

Un inicio temprano en el uso de sustancias y actividades adictivas tiene más riesgo de terminar en un problema de adicción o de comportamiento, que cuando el comienzo se produce en la edad adulta.

La excepción:

Frente al tópico de que las adicciones se dan siempre más en los jóvenes, resulta chocante que en Alemania, en la actualidad, se esté constatando que las personas mayores son las que estén teniendo más problemas con el alcohol. Esto es debido a factores como la falta de ocupación o los problemas de depresión..

8. El papel de la familia en la adicción

La familia como afectada.

Es frecuente escuchar a las familias decir que están sufriendo el problema más que el adicto, y no siempre es una exageración. La conciencia del problema y la consiguiente preocupación es, a veces, mayor en las personas más próximas que en el propio adicto.

En consecuencia, los familiares experimentan un gran sufrimiento, con sentimientos de impotencia y frustración por no saber qué hacer o cómo ayudar.

Este malestar en las familias puede permanecer latente mientras no se encuentran soluciones. Sin embargo, cuando se inicia un tratamiento se manifiesta de manera intensa, apareciendo problemas como ansiedad, depresión o expresando conflictos que no se afrontaban (rechazo a la pareja adicta, desacuerdos entre los padres del dependiente, etc.).

Esto ocurre porque algunos familiares se identifican tanto con el problema del adicto, que han aprendido a vivir centrados en él. Si hay cambios, les cuesta adaptarse a la nueva situación y aparecen el malestar y la preocupación que antes no expresaban. Abordaremos esta situación al tratar las dependencias afectivas.

La familia ¿parte del problema o de la solución?

Lo anteriormente expuesto nos lleva a la gran paradoja que se da en las familias de los adictos. Por una parte, suelen ser los primeros que dan la voz de alarma, los más entregados y dispuestos a ayudar como sea y los que piden ayuda profesional.

Por otra parte, algunos de sus intentos de ayuda pueden favorecer que se mantenga la dependencia. Esto puede ocurrir por dos motivos:

Porque se basan en relaciones familiares inmaduras, como ocurre en ambientes familiares de sobreprotección (de los que hablaremos después) donde se evita que los hijos reciban consecuencias negativas de sus acciones.

> *Ejemplo:*
>
> Unos padres demasiado protectores que se hagan cargo de las multas de su hijo, impedirán que aprenda y se haga responsable de sus errores.

Porque atienden al síntoma y no a lo que hay que cambiar. En ocasiones, los familiares intentan minimizar los riesgos, pero sin atender al problema de fondo.

Ejemplo:

Cuando los padres están preocupados de que su hijo adolescente pueda consumir drogas ilegales, pero no le dan importancia si consume alcohol o tiene faltas de respeto hacia ellos, pues eso no les parece un problema.

A pesar de estos casos, nunca se debe señalar a la familia como culpable directa de la adicción. Los mecanismos que generan los comportamientos adictivos son variados y complejos, y la búsqueda de culpables no suele ser de gran ayuda.

Lo que sí puede resultar útil durante el proceso de recuperación de la adicción es revisar cómo son las relaciones dentro de la familia, cuáles son sus estilos educativos y cómo ha podido afectar todo ello en el desarrollo del problema.

Con frecuencia, el abordar o no esta temática puede ser clave para lograr el éxito en la completa rehabilitación, sobre todo si vemos a la familia como parte de la solución, más que como parte del problema.

En cualquier caso, este abordaje terapéutico familiar deben llevarlo a cabo profesionales, psicólogos o mediadores, con la formación y experiencia adecuadas.

Estilos educativos en la familia.

No existe una formula universal que pueda indicar a los padres la mejor manera de tratar y educar a sus hijos. Sí se pueden diferenciar actitudes que, en general, facilitan más que otras el desarrollo y la madurez de los hijos, principales factores de protección frente al riesgo de las adicciones.

Pueden considerarse cuatro estilos educativos, que no describen a unos padres o a otros, sino a actitudes o formas de relacionarse de las que todos participamos, en mayor o menor medida.

Se diferencian, sobre todo, por la forma en que gestionan las **normas** y el **clima afectivo**:

Estilo autoritario. Destaca por una alta importancia de las normas y límites, y una falta de apoyo afectivo. No ayuda al desarrollo de la autonomía y la autoestima.

Estilo sobreprotector. Las muestras de afecto pueden ser altas, pero se da una permisividad y falta de coherencia en las normas. Los padres evitan el esfuerzo de los hijos, que no asumen las consecuencias de sus actos y se vuelven dependientes.

Estilo negligente. Se caracteriza por la indiferencia (o incluso ausencia) de los padres. Apenas hay normas ni expresión de afecto, y las que hay no son consistentes. Los padres no son la referencia para los hijos, que la buscarán fuera de casa.

Estilo fortalecedor. Comparte la alta expresión de afecto y apoyo, con la coherencia en el cumplimiento de normas y límites. Facilita el crecimiento y maduración de los hijos.

SEGUNDA PARTE:
LAS NUEVAS ADICCIONES

9. Nuevas adicciones: ¿qué está cambiando?

La pregunta parece simple, pero no se puede contestar en una sola frase. Lo que se percibe es que los avances tecnológicos, la evolución en los hábitos de vida, la adhesión a nuevos valores y metas, etc., determinan cambios en las personas, que se adaptan de diferentes formas, incluso desarrollando nuevas adicciones.

Por supuesto, estos cambios no tienen porque ser negativos. Los valores que obsesionan a algunos por cambiar su aspecto físico, pueden ser los mismos que mueven a otros a llevar una dieta sana y dedicar tiempo a la actividad física moderada.

Aunque parezca un tópico, lo negativo o patológico está en los extremos, como veremos en los próximos capítulos. En ellos hablaremos de trastornos que, por novedosos o por la falta de consenso, no están reconocidos como adicciones en los manuales de diagnóstico de trastornos mentales.

En los Anexos finales se incluyen los criterios utilizados para diagnosticar el "Abuso" y la "Dependencia" de sustancias. Estas pautas resultan demasiado restrictivas, dejando fuera de la categoría de adicción a los comportamientos adictivos en los que no se utilizan drogas.

Sin embargo, cada vez más especialistas reconocen la coincidencia entre los criterios de una drogodependencia y de una adicción comportamental.

A veces, lo nuevo son las formas de consumo. Sustancias adictivas que se utilizaban en determinadas circunstancias pasan a ser objetos de consumo globalizado, a mezclarse con otras o a ser consumidas en edades más tempranas.

Debido a esos cambios, se reduce la capacidad de protección de los que experimentan con drogas que no conocen: sus efectos son nuevos, las mezclas son más peligrosas, se usan de manera más generalizada, se es muy joven para comprender los peligros, etc. Por ello, aumentan los riesgos de desarrollar una adicción completa y problemas de salud más graves.

Al igual que las drogodependencias, las **adicciones comportamentales** pueden desarrollarse a través de alguno de los siguientes mecanismos de evitación del malestar, diferenciados por el tipo de emoción negativa:

En el curso de un **trastorno de ansiedad**, donde el comportamiento problemático actúa como reductor o modulador del malestar, como ocurre en el Trastorno Obsesivo-Compulsivo (TOC) en el que el comportamiento repetitivo (compulsión) se lleva a cabo para reducir la ansiedad.

> *Ejemplo:*
>
> Un jugador ocasional de juegos de azar que, tras un problema laboral que le genera ansiedad, busca descargar el malestar jugando compulsivamente, obteniendo consecuencias negativas e iniciando una relación adictiva con el juego.

En una persona con **bajo estado de ánimo** y tendencia depresiva, que realiza el comportamiento impulsivo para animarse y sentirse mejor.

> *Ejemplo:*
>
> Un ama de casa cuya vida diaria le resulta aburrida, asocia el ir de compras con una satisfacción puntual. Lo repite cada vez con mayor frecuencia, ya que la sensación de bienestar le dura poco. Al final, termina realizando compras inútiles y sin sentido, que le hacen sentirse peor, lo que refuerza el círculo adictivo.

Ante **emociones negativas intensas**, como puedan ser la culpa o el asco o la ira intensa, la persona con bajo control emocional usa la droga o comportamiento adictivo como estrategia evasiva o "anestesiante", de manera que logra disminuir la percepción del malestar o dolor psíquico.

> *Ejemplo:*
>
> Una persona que en un accidente de tráfico causa involuntariamente la muerte a otra, utilizando el consumo de alcohol y psicofármacos para minimizar el profundo sentimiento de culpa.

10. El culto al cuerpo y los trastornos de la conducta alimentaria

Aunque la preocupación por la salud, el aspecto físico o el atractivo no son realidades nuevas en sentido literal, se puede decir que los problemas psicológicos asociados a estos factores se han reconocido recientemente.

Hay referencias muy antiguas de trastornos similares, pero es en pleno siglo XX cuando se describe la Anorexia como la conocemos ahora. Otros, como la Ortorexia, son definidos en el XXI y apenas existe acuerdo sobre ellos.

Aún más significativo es el crecimiento exponencial que han tenido en muy poco tiempo. Anorexia o Bulimia, que eran casi exclusivas de las chicas jóvenes, se han generalizado y ahora la padecen hombres y mujeres de cualquier edad.

A pesar de esta generalización de los problemas donde lo importante es la imagen, la mayoría de las veces aparecen durante la adolescencia y sigue siendo más frecuente en mujeres, aunque se sospecha que puede haber muchos hombres sin diagnosticar.

Constantemente se describen otros trastornos relacionados con la alimentación o la belleza que pueden considerarse nuevos, y que suponen graves riesgos para la salud. Se extienden con gran rapidez en forma de "modas", con el atractivo de la novedad y gracias, en gran parte, a la información que fluye libre por Internet, las redes sociales y los medios de comunicación en general.

En todos los casos, el papel de los modelos de belleza imperantes en nuestra cultura, tan alejados de la realidad, y los frecuentes problemas de autoestima y de relaciones sociales, constituyen un excelente caldo de cultivo para que este tipo de problemas vaya en aumento.

Representan un claro ejemplo de problema de salud que en muchos casos puede considerarse una adicción, pues se repiten comportamientos compulsivos que de no realizarse generan un gran malestar, pero en el que no se consume ninguna sustancia adictiva.

Es cierto que en ocasiones se utilizan de forma exagerada ciertos complementos, como laxantes en el caso de algunos trastornos de la alimentación, vitaminas o proteínas e incluso fármacos (como los anabolizantes) en el de la Vigorexia. Sin embargo, esto se hace con el objeto de conseguir el aspecto que se desea y no tanto por una adicción física a esas sustancias.

No quiero comer. La Anorexia.

La Anorexia Nerviosa es un trastorno de la alimentación que se caracteriza por un rechazo a mantener su peso en el mínimo de lo considerado normal y un **miedo intenso a engordar**, aún estando muy por debajo de su peso.

Llega a aparecer una importante **distorsión de la imagen corporal**, de manera que quienes la padecen se ven más "gordos" de lo que realmente están. Es tan grave su impacto en la salud, que cuando no se controla a tiempo, puede acabar con la vida de quien la padece.

En algunos casos (Anorexia Tipo Restrictivo) el control del peso se lleva a cabo limitando la ingestión de alimentos, aunque esta reducción se oculte a los demás, simulando que ya se ha comido o tirando disimuladamente la comida.

En la Anorexia de Tipo Compulsivo/Purgativo (más parecida a la Bulimia) se realizan, además de la restricción de la comida, conductas compensatorias como actividad física intensa, vómitos, abuso de fibras y laxantes, etc. Estos comportamientos se utilizan para eliminar el malestar que les genera comer, y conforman el componente compulsivo en este trastorno.

El impacto en la salud, que suponen la drástica reducción de alimentos y los hábitos compensatorios, es muy importante. Las lógicas complicaciones digestivas se acompañan de cambios hormonales con ausencia de menstruación en las mujeres (amenorrea), problemas óseos (caries y osteoporosis) y multiorgánicos (especialmente renales y cardiacos por alteraciones electrolíticas).

En el aspecto psicológico, la Anorexia suele coexistir con trastornos de la personalidad, y con sentimientos de incompetencia, baja autoestima y dificultad para expresarse a nivel emocional. El comportamiento se vuelve rígido, meticuloso y perfeccionista, con gran dificultad para relacionarse, por lo que evitan las situaciones sociales.

El abordaje de este trastorno es muy complejo ya que (en esto coincide con las adicciones "tradicionales") casi nunca se reconoce el problema, aunque ya esté comprometiendo gravemente la salud.

Se debe realizar un **tratamiento profesional** multidisciplinar:

Por una parte, utilizando **terapia psicológica** para afrontar los conflictos personales (rasgos obsesivos, baja autoestima) y sociales (dificultad para relacionarse, problemas familiares, etc.).

Por otra, llevando un estricto **seguimiento médico** del estado de salud y la ingesta de alimentos, incluyendo tratamiento farmacológico y alimentación forzada cuando sea necesario.

Es frecuente la utilización de **terapias grupales** para favorecer procesos de identificación con los iguales, seguimiento de modelos positivos y mejora de habilidades sociales.

La Bulimia.

Historia:

Bulimia viene del griego βουλιμος que significa literalmente "hambre de buey". Fue descrita por primera vez por el doctor Gerald Russell en 1979. Sin embargo, desde la década de 1930 aparecen en Alemania casos con diagnósticos rigurosos, y las primeras referencias en la literatura médica datan del siglo XV.

Coincide con la Anorexia en la excesiva **preocupación por la imagen corporal**, aunque en este caso lo más característico son los **atracones** de comida que se repiten varias veces en semana. En ellos se ingiere gran cantidad de alimentos en un breve espacio de tiempo.

Otro factor fundamental es una clara percepción de **pérdida de control** sobre su comportamiento, lo que genera malestar y sentimientos de culpa.

La provocación del **vómito** como forma de compensar la ingesta excesiva de alimentos es uno de los aspectos más conocidos de este trastorno, si bien también se utilizan el ejercicio físico, los laxantes o el ayuno, y no en todos los casos se termina vomitando.

A diferencia de lo que ocurre en la Anorexia, quien padece la Bulimia suele tener un peso normal, o incluso sobrepeso, que normalmente es el detonante para iniciar la espiral de dietas, restricciones y atracones.

La bulímica (también es más frecuente en el género femenino) puede llegar a utilizar la comida como un toxicómano lo hace con la droga: ante situaciones de estrés, ansiedad o enfado, recurre al atracón para eliminar el malestar.

Si le funciona, ese mecanismo provoca un uso cada vez mayor. Esto es posible porque, de entrada, comer es un comportamiento satisfactorio y gratificante.

Pasado el episodio del atracón, aparecen las conductas de compensación, siendo el vómito el más frecuente. La comida, de esta manera, pierde su valor como alimento y se vive con ambivalencia: se rechaza porque "engorda" pero se desea con ansia por su efecto liberador.

Las consecuencias orgánicas de este abuso son parecidas a las que puede darse en la Anorexia, aunque con menor gravedad. En cuanto a los problemas psicológicos sí que hay diferencias:

Tienen baja autoestima, pero con una personalidad más inestable, sin la rigidez de la Anorexia.

Presentan una gran dificultad para controlar sus impulsos, toman decisiones precipitadas, reaccionan bruscamente, pueden mostrar desinhibición, etc.

Con frecuencia, la Bulimia aparece conjuntamente con otros problemas de adicción, como consumo de drogas, y con trastornos de tipo obsesivo.

También pueden manifestase síntomas depresivos y de aislamiento, aunque en menor medida que en la anorexia.

El pronóstico es algo más favorable que en la Anorexia, debido a que el deterioro es mucho menor, razón por la que pasan años desde el inicio del problema hasta que solicitan ayuda profesional.

El **tratamiento psicológico** aborda distintos aspectos:

El **control de los impulsos**, en especial de los atracones y los comportamientos de compensación.

El **cambio en los pensamientos negativos**, como baja autoestima y distorsión de la imagen corporal.

El **desarrollo de habilidades personales**, de comunicación, relacionales, etc.

A menudo, el proceso terapéutico se completa con **fármacos** que facilitan el cambio (sobre todo, antidepresivos) con resultados bastante prometedores.

Al igual que en la Anorexia, la **terapia familiar** puede facilitar la resolución de conflictos que están en el origen del problema.

Algunos autores hablan directamente de **adicción a la comida**, cuando se come de manera compulsiva para manejar el malestar, sin que haya vómitos o preocupación por engordar.

La Ortorexia: obligatorio comer sano.

Es otro problema relacionado con los hábitos de la alimentación. En realidad, se trata de un **trastorno de tipo obsesivo**, con una exagerada preocupación por que la comida que se consuma sea excepcionalmente sana y biológicamente pura, evitando carne, grasas, alimentos con pesticidas, etc.

Esta búsqueda de lo sano (lógica en su discurso, pero desmesurada en este trastorno) se extiende también a la manera de lavar y preparar los alimentos, el material de los útiles de cocina, etc., generando auténticos rituales a los que se dedica mucho tiempo y que interfieren en la vida cotidiana de los afectados y sus familias.

La Vigorexia.

A diferencia de la Anorexia y la Bulimia, este importante problema de salud aún no está catalogado en los manuales de psicopatología, lo que no es un obstáculo para que se haya escrito mucho sobre él.

Sus nombres:

Además de "Vigorexia", "Dismorfia Muscular" o "Complejo de Adonis", también se le conoce como "Anorexia Nerviosa Inversa", debido a que siempre se ven delgados, con poca musculatura. En otros casos, se le ha llamado "Síndrome del culturista", "Síndrome del Hombre de Hierro" y un largo etcétera.

Las **características** fundamentales de este trastorno son:

Distorsión de la imagen corporal. Los afectados se creen más débiles y delgados de lo que realmente están.

Dedican una gran parte de su tiempo a realizar **ejercicio físi-co**, y siempre con el objetivo de aumentar su musculatura.

Aparecen, además, otras conductas desadaptativas, en especial **dietas poco equilibradas** (hiperproteicas, sin grasas, etc.) y consumo de anabolizantes y otros fármacos.

El tiempo que dedican al ejercicio y a comportamientos rela-cionados con su físico (pesarse, mirarse al espejo, controlar los alimentos, etc.) **interfiere en sus actividades** laborales o sociales.

Dato:

Como trastorno de reciente descripción y sin criterios de diag-nóstico claramente consensuados, resulta muy difícil saber el número aproximado de afectados.

Los estudios realizados en algunos países arrojan porcentajes entre el 6 % (en la Unión Europea) y el 10 % (en EE.UU. y en México) de los usuarios de gimnasios.

Lo que sí parece bastante claro es el perfil. Se trata mayorita-riamente de varones de entre 18 y 35 años, generalmente que realizan actividades deportivas en gimnasios, aunque no exclu-sivamente.

Cuando hablamos de trastornos que tienen como patrón una actividad que normalmente es neutra o provechosa (como el ejercicio físico), resulta de especial importancia establecer cri-terios que señalen, de la manera más eficaz posible, los límites entre la práctica aconsejable y el problema psicológico.

A continuación veremos una tabla que recoge las principales diferencias entre los que padecen Vigorexia y los deportistas de alta exigencia. Éstos dedican gran cantidad de tiempo y esfuer-zo a superarse pero, a diferencia de los vigoréxicos, no desa-rrollan más problemas que las lesiones propias de su actividad.

Vigorexia	Deportista de alta exigencia
No hay un objetivo externo, solo cambiar el propio cuerpo.	Hay objetivos externos que motivan el esfuerzo.
No quiere dejar de hacer ejercicio, aunque no le aporte bienestar.	Desea poder parar el esfuerzo, aunque luego repita.
Sobre todo son culturistas, aunque a veces practiquen otros deportes.	Más frecuente en nadadores, atletas y opositores de pruebas físicas, aunque pueden ser de cualquier deporte.
Predomina el ejercicio anaeróbico (pesas, musculación).	Predomina el ejercicio aeróbico (carrera, bicicleta, natación).

Las complicaciones de salud vienen de una triple vía:

El ejercicio excesivo y repetitivo: problemas óseos y articulares, desproporción física, sobrecargas musculares que desembocan en desgarros, esguinces, etc.

La dieta inapropiada propicia problemas hepáticos, aumento del colesterol y trastornos metabólicos.

El uso indebido de fármacos anabolizantes y similares tiene repercusión a nivel cardiovascular, lesiones de hígado y renales y, en hombres, disfunción eréctil, atrofia testicular, esterilidad, entre otros.

A nivel psicológico, la vigorexia se asocia a problemas depresivos, de ansiedad y de tipo obsesivo. Como en los otros trastornos con distorsión de la imagen corporal, **precisa tratamiento** multidisciplinar, **psicológico y médico**.

Del espejo al quirófano: la obsesión por la estética y sus consecuencias.

Especial mención merece el tema de la cirugía plástica (o estética) cuando se recurre a ella de manera repetida, sin que exista un motivo más o menos objetivo (deformidad o lesión) y cuando la persona interesada es, casi de forma exclusiva, la única que considera necesario la intervención en cuestión.

Se trata de las manifestaciones más claras de un trastorno llamado **Dismorfofobia o Trastorno Dismórfico Corporal**, que en este caso sí que está recogido en el manual diagnóstico DSM-IV-TR como un trastorno con entidad propia, aunque diferente de las adicciones.

La principal característica es una **gran preocupación por algún defecto imaginado** en la apariencia física que causa un malestar significativo o deterioro en la actividad cotidiana (trabajo, relaciones sociales, etc.).

En los casos en los que existe alguna anomalía real, ésta es muy leve con respecto a la preocupación que le provoca.

A menudo, se entra en una **espiral de tipo obsesivo**, que genera numerosos **problemas de relación** a nivel familiar y laboral. También puede aparecer **fobia social**, que se manifiesta en el aislamiento de su entorno y la evitación de las relaciones personales.

Estas personas llegan a desarrollar auténticos delirios, que les impiden entrar en razón cuando los propios cirujanos les advierten de lo innecesario de las operaciones estéticas. De hecho, tras ser intervenidas quedarán descontentas con el resultado y repetirán el proceso.

En los medios informativos, se van conociendo casos de mujeres jóvenes que se someten a un número récord de intervenciones estéticas, siendo ese su único "mérito" para ser famosas.

Otras veces, son las hijas de estas "barbies" de carne y hueso las que pasan por el quirófano para cambiar su aspecto, a pesar de ser menores de edad y, en alguna ocasión, no contar ni diez años.

Para entender cómo ciertas personas llegan a desarrollar esta preocupación exagerada por su aspecto, hay que conocer que esta "punta del iceberg" se apoya en un número mucho mayor de personas que, sin llegar a tales extremos, sí que anteponen esos mismos patrones de belleza a otras necesidades personales.

A partir de esa preocupación inicial, las experiencias vividas pueden determinar que se inicie un problema más grave.

Ejemplo:

Imaginemos a una chica joven a la que le preocupe en exceso algún pequeño detalle de su aspecto, como un lunar muy visible. Si finalmente elimina ese lunar, y sus amigos le valoran con gran énfasis su nuevo aspecto, es probable que, más adelante, siga realizando nuevos (y mayores) esfuerzos por mejorar su imagen, llegando a obsesionarse encontrando defectos donde no los hay.

La reflexión debe ir más allá. Es evidente cómo los y las modelos que aparecen en la publicidad no se corresponden, en absoluto, con las proporciones *normales*, es decir, con las de la gran mayoría de la población. Una de dos: o estamos casi todos *mal hechos* o nos están manipulando sin reparos.

¿Qué pasa cuando la delgadez u otros aspectos no son lo bastante exclusivos? Para eso están el "photoshop" y otros programas de edición de imagen: se estira, recorta, moldea o difumina la imagen y ya tenemos un "engendro" artificial al que intentar parecernos.

La Tanorexia.

Es otra de las preocupaciones exageradas por el aspecto físico, que en este caso se centra en la **obsesión por tener la piel siempre morena**.

En este caso, los afectados se someten a maratonianas sesiones de bronceado, tanto al aire libre como en cabinas de rayos UVA, ya que pretenden mantener el moreno durante todo el año.

La saludable acción del sol en nuestro organismo, cuando se toma con precaución, se transforma en un deterioro de la piel por la excesiva exposición. Aún así, los tanoréxicos nunca se verán suficientemente morenos.

El dato:

Los dermatólogos advierten del importante aumento de problemas tales como envejecimiento cutáneo, queratosis (una forma de callosidad), e incluso cáncer de piel. Según la OMS, éstos han aumentado su incidencia a nivel mundial entre un 3 % y un 8 %.

---

11. Las dependencias afectivas

Codependencia: depender del dependiente.

Experiencias:

Los que llevamos algunos años en el abordaje de las adicciones, recordamos cuando se nos planteaba el fenómeno de la *codependencia* como explicación a algunas de las dificultades que encontrábamos en el trabajo con los familiares.

Algunas parejas y madres de toxicómanos mostraban el máximo interés en ayudar incondicionalmente al adicto, pero parecían incapaces de llevar a cabo ciertos cambios en la forma de relacionarse con ellos, imprescindibles para consolidar un proceso de rehabilitación.

> Se hacía precisa una intervención más amplia y profunda, más centrada en la acompañante y su relación con el paciente que en éste, para que pudieran cambiar una forma de relacionarse en la que el único sentido de la vida de la madre o la pareja era ayudar al adicto. Y si deja de existir el problema, "¿para qué sirvo yo?"

Este concepto hace referencia al tipo de **relación insana** que se produce **entre el adicto y un familiar**, amigo o ayudador, generalmente la pareja o la madre.

Son relaciones que empiezan siendo de ayuda, pero donde la persona que acompaña al toxicómano termina tan involucrada en el problema que hace suyos los constantes fracasos y recaídas, desarrollando **actitudes similares al adicto**, como mentir para evitar las consecuencias, facilitar o justificar los consumos, etc.

Como resultado de este proceso, quien empieza queriendo ser el "salvador" ante una adicción, termina necesitando mantener el problema para no perder su papel.

El término codependencia se empezó a utilizar en los años 70 del siglo pasado, para describir a la persona cercana al alcohólico que, de alguna manera, facilitaba el mantenimiento de su adicción. Posteriormente se amplió a las drogodependencias en general.

Más recientemente, se ha aplicado a los familiares de enfermos crónicos, con problemas físicos o psicológicos, que precisan atención constante, y cuyos cuidadores mantienen la esperanza de una curación que nunca llega.

También se ha utilizado para referirse a aquellas personas que buscan constantemente **asumir los problemas y responsabilidades de los demás** dejando a un lado sus propias necesidades, siendo ésta una característica común en los codependientes.

Las *"dos medias naranjas"*.

El tópico de *encontrar mi media naranja*, que puede parecer el paradigma del amor en la pareja, esconde una similitud mucho más oscura.

Muchas personas inician o continúan relaciones de pareja con la esperanza de evitar el malestar que sienten al no tenerla.

No se trata de un problema derivado de la sucesión de distintas relaciones, sino más bien tiene que ver con las características propias de las personas que lo sufren.

La **Dependencia Emocional** puede definirse como una **necesidad afectiva extrema** que una persona siente hacia su pareja, en cada una de las relaciones que establezca a lo largo de su vida.

Jorge Castelló, psicólogo especializado en la dependencia emocional, describe las **tres características** fundamentales de las personas que padecen este problema:

Tendencia a establecer relaciones de pareja desequilibradas. Se le da una prioridad absoluta a la relación con un fuerte miedo a la ruptura, por lo que intentan mantenerla a toda costa (subordinación a la pareja). También se idealiza a la otra persona, con la que se intenta estar permanentemente en contacto a través de llamadas, mensajes, etc.

Baja autoestima. Se quieren tan poco que no esperan que su pareja les quiera. Es la causa que explica el tercer rasgo.

Intolerancia a la soledad. Desarrollan un pánico total a la posibilidad de ruptura, con alta probabilidad de desarrollar otros problemas psicológicos si ésta se produce; incluso es posible que no la acepten (negación del problema).

La soledad llega a ser, en los casos más severos, un auténtico "síndrome de abstinencia" que intentan evitar a toda costa. El paso de una pareja a otra es inmediato, a menudo con "parejas de transición", con las que no comparten fuertes sentimientos, pero que les sirven para evitar el sufrimiento de la soledad.

No todas las formas de dependencia afectiva son tan dramáticas. Al igual que ocurre con otras rasgos de personalidad, existe una gran variabilidad en las personas que tienen tendencia a depender de sus parejas, pero sin llegar a los extremos patológicos.

Hemos descrito el problema tal y como suele darse en las mujeres. Sin embargo, existe una forma atípica, más propia de los **varones**, que se denomina "**dependencia emocional dominante**".

En este caso, la fuerte necesidad hacia la pareja se disfraza de un sentimiento de hostilidad, que **se manifiesta en dominación**, control e incluso humillación.

Existe una ambivalencia donde se alternan este rechazo manifiesto, con la profunda necesidad de estar con la pareja, lo que distingue a este problema de otras formas de violencia en la pareja. (Véase el capítulo que aborda la violencia).

Son frecuentes los celos y el intento de controlar a su pareja. Ante la ruptura, reaccionan como los otros dependientes emocionales: con una profunda depresión y desesperados intentos de recuperar la relación, llegando en ocasiones a la violencia, el asesinato y el suicidio.

Experiencias:

En el tratamiento de rehabilitación con toxicómanos, me he encontrado con las siguientes particularidades en cuanto a diferencias de género:

Como pauta general, las chicas consumidoras que solicitaban ayuda tenían parejas que también lo eran, incluso cuando en un

---

principio ambos lo negaran. Por supuesto, siempre hay excepciones.

En el caso de los chicos que acudían, en la mayoría de los casos sus parejas no eran consumidoras, pero si podían ser codependientes.

En el proceso terapéutico con las mujeres drogodependientes era frecuente descubrir que el origen de su adicción y el riesgo de recaídas tenían más que ver con factores afectivos (autoestima, sentimientos de culpa, dependencia emocional de pareja consumidora, etc.) que con aspectos relacionados con la adicción química.

El eterno "Peter Pan".

El psicólogo norteamericano Dan Kiley escribió en 1983 su obra "El síndrome de Peter Pan", relatando las actitudes de ciertos varones de entre 30 y 50 años: inmadurez, irresponsabilidad, narcisismo, egocentrismo, dependencia, etc. Es posible que, en ese momento, muchas mujeres no notaran diferencias con el resto de los hombres.

Si tenemos en cuenta los cálculos de Antoni Bolinches, psicólogo y sexólogo catalán que ha estudiado este trastorno, la mitad de los hombres podrían cumplir estos criterios. Nos parece exagerado, pero si es creíble que sea un problema que cada vez va a más.

Los cambios en los "roles" del hombre y la mujer en la sociedad tienen parte de culpa de este avance: se ha pasado de un modelo *"hombre dominante-mujer subordinada"* a uno totalmente nuevo *"mujer autónoma-hombre desorientado"*.

Estamos hablando de un "estilo de vida", no tanto de un comportamiento adictivo (C.A.). Su rasgo principal es un **senti-**

miento de inseguridad que lleva a no asumir responsabilidades, generando una actitud de **búsqueda de placer inmediato** y **evitación del compromiso.**

Esa mezcla suele ser explosiva, ya que las satisfacciones rápidas
y fáciles duran poco y, sin una "cultura del esfuerzo", no se
conseguirán metas de mayor calado, que sirvan de refuerzo a la
autoestima y den seguridad en uno mismo.

12. Ludopatía: a veces jugar no es divertido

La ludopatía es muy antigua si la comparamos con las adicciones a las nuevas tecnologías. Su descripción como enfermedad mental data de los años 1970-80, lo que no quiere decir que no hubiese personas con este problema mucho antes.

Una curiosidad:

Dostoievski, el famoso novelista ruso del siglo XIX se hizo también muy popular por sus problemas con el juego, debido a su gran afición a los casinos.

Precisamente, su novela "El jugador", que retrata con todo lujo de detalles la vida de los casinos de su época, fue escrita en sólo veintiséis días para poder hacer frente a sus deudas de juego. En este récord de rapidez literaria también tuvo algo que ver el hecho de que su mujer fuese taquígrafa.

Hay que dejar claro que el juego, como actividad humana realizada por niños o adultos, es una conducta completamente normal, sana y necesaria para un desarrollo integral de la persona.

Sin embargo, cuando hablamos del **juego patológico**, nos referimos a una **actividad compulsiva**, realizada de manera reiterada y con **falta de control** por parte de quien lo realiza. Como en problemas similares, un momento clave es cuando se pasa de jugar por gusto a jugar para eliminar un malestar.

En los manuales de psicopatología se ha estado incluyendo históricamente a la Ludopatía dentro de los **trastornos del control de los impulsos**.

Mientras que muchos de los trastornos que aquí se describen no cumplen las condiciones para ser considerados una adicción en sentido estricto, el juego patológico presenta un paralelismo casi total con los criterios que determinan el diagnóstico de la adicción, que pueden ser consultados en los anexos finales.

Entre los expertos hay cada vez más voces que reclaman que la Ludopatía se considere formalmente una adicción, como lo son las drogodependencias.

Actualmente, el juego patológico se asocia con frecuencia a consolas de videojuegos y a las apuestas y juegos online, de los que hablaremos en el capítulo de las nuevas tecnologías.

Entre los factores que favorecen el desarrollo de la adicción, en el juego patológico pueden tener gran importancia los que se refieren al contexto y al entorno, ya que (intencionalmente o no) los **factores ambientales** que se dan en bingos, casinos, salas de juego y demás son bastante significativos:

Ausencia de luz natural, por lo que se pierde la noción del tiempo.

Gran cantidad de **estímulos llamativos** y que se asocian con facilidad al juego: luces, sonidos, colores llamativos, etc.

Patrones de conducta repetidos: argot propio, gestos estereotipados, apuestas recurrentes, etc.

Todo ello hace que una vez se accede al lugar de juego sea difícil dejar de jugar, y que cualquiera de los estímulos que se asocian al juego tengan un efecto "llamada" para iniciar la conducta.

Apuestas y juegos de azar.

Historia:

Los juegos de azar ya existían en civilizaciones muy antiguas (Egipto, Imperio Chino…), pero su desarrollo a gran escala tiene lugar en los siglos XIX y XX.

En España, excepto los primeros bingos y loterías (incluyendo el sorteo de la ONCE), es a partir de la legalización de los juegos de azar en 1977 cuando se popularizan estas actividades, se permite el acceso a la mayoría de las personas y se hacen visibles los casos problemáticos.

Hay muchos tipos y formas de juego, siendo los **juegos de azar** los que tienen más elementos para generar adicción. En esta categoría vamos a incluir los siguientes:

Los que dependen únicamente de la suerte como loterías, bingo, ruleta, máquinas tragaperras, etc.

Aquellos que mezclan el azar con habilidades y competición, como los juegos de cartas, dados, todo tipo de apuestas deportivas, etc.

En ambos casos, las expectativas de triunfo y el intento de controlar lo que es azaroso facilitan la repetición.

A diferencia de los juegos de competición en igualdad de oportunidades (como el ajedrez), y los que son una competición de habilidades y/o capacidades personales (la mayoría de los deportes), los juegos de azar tienen ese componente de suspense que resulta muy excitante para la mayoría de las personas.

Cuando además, los resultados del azar se interpretan con pensamientos del tipo "tengo suerte", "hoy no es mi día" o "estoy en racha", se atribuye un orden o pauta a aquello que no lo tiene.

Este estilo de pensamiento genera fácilmente fuertes expectativas con respecto a las posibilidades de conseguir éxito, que en realidad son muy bajas, y cuando no se cumplen se repite la conducta de jugar con la esperanza de que más adelante se consiga.

Las tragaperras como compañeras.

Historia:

El juego compulsivo en las máquinas tragaperras es un fenómeno ya bastante conocido a pesar de existir desde hace tan solo unas décadas.

En España se legalizaron en 1981 y su uso aumentó de manera exponencial en pocos años, hasta el punto que han desplazado a todas las demás formas de juego en cuanto al número de jugadores con problemas.

Parte del "éxito" de estas máquinas de juego están en su accesibilidad (se pueden encontrar literalmente en cualquier lugar) y en que llevan incorporadas en sí mismas una pequeña sala de juegos.

Los factores ambientales incitadores al juego (luces, colores y músicas) se encuentran presentes, a escala, en cada una de estas máquinas que actúan como estímulos condicionados que el jugador asocia a sus experiencias anteriores, y ante los que reacciona como si estuviera hipnotizado.

Intentar evitar este influjo es una experiencia angustiosa, difícil de comprender para los que no la han sufrido, y que los jugadores expresan con gran detalle y emotividad.

Las tragaperras se han constituido en "compañeras" de muchas personas que tienen pocas habilidades sociales y han encontrado en ellas un refugio que con frecuencia combinan con el alcohol.

Es frecuente que personas con problemas de alcohol se inicien en las tragaperras y viceversa, lo que a menudo agrava el problema inicial, reduce la capacidad de autocontrol y genera más deudas, que normalmente son las que dan a conocer el problema a los demás y la razón de pedir ayuda, aunque sea negando el problema.

13. La violencia

"El hombre que se encoleriza, hace superiores a sus inferiores." Ralph W. Emerson, filósofo y escritor estadounidense del siglo XIX.

La violencia, en todas sus formas y manifestaciones, es considerada por la OMS (Organización Mundial de la Salud) como uno de los principales problemas de salud pública a nivel mundial.

Ante un conflicto, una sensación de malestar, ira o incluso tristeza se puede llegar a utilizar la violencia, de manera espontánea, como forma de expresar ese estado. Esto ocurre a muchos hombres porque, en nuestra cultura, sigue estando mejor visto un hombre agresivo que uno "llorón".

Si la experiencia resulta "satisfactoria", si sirve para descargar la energía negativa acumulada, es probable que la intente repetir cuando se den las mismas circunstancias, y si no se dan, se provocarán. De esta manera, se refuerza el comportamiento violento y se aprende que es "útil" en ciertas situaciones, favoreciendo su reincidencia.

Es un fenómeno común, por ejemplo en el caso de los maltratadores que utilizan la violencia física con sus parejas como única herramienta que conocen para resolver conflictos y, paradójicamente, mejorar su autoestima.

En general, las personas violentas (o que se jactan de serlo) tienen un bajo concepto de sí mismos, no se valoran y se sienten inferiores a los demás, especialmente a sus parejas. Por eso, la fuerza física, la intimidación o infringir daño a los otros puede aumentar la seguridad en sí mismos.

Cuando coinciden la falta de recursos para gestionar conflictos y emociones negativas con una baja autoestima, el recurso de la violencia puede ser la chispa que inflame esa mezcla explosiva, sentando las bases para que la violencia funcione como una droga.

Es muy frecuente que las personas con problemas de adicción a sustancias tengan un bajo nivel de autocontrol, que se manifiesta en reacciones impulsivas, gritos, amenazas o violencia física como respuesta al malestar. También pueden ser comportamientos utilizados conscientemente para lograr sus objetivos, como veremos a continuación.

Aunque se puede cuestionar la violencia por su efecto negativo en las personas, nosotros queremos ceñirnos al aspecto compulsivo del comportamiento violento, sin entrar en las consideraciones éticas.

Existen distintas formas de violencia según la dimensión que consideremos. En primer lugar, vamos a centrarnos en la distinción que delimita el tipo de violencia que tiene ese componente impulsivo y de ausencia de control. Hablaríamos entonces de **dos formas de violencia**:

Agresión **proactiva**: es la que se pone en marcha conscientemente con el objetivo de conseguir un beneficio, solucionar un conflicto o lograr un determinado objetivo. No busca provocar daño ni responde a una provocación.

Agresión **reactiva**: es la que se realiza como respuesta a una amenaza o provocación (real o percibida), donde la clave está en la atribución de que existe un peligro y en la falta de recursos de afrontamiento distintos de la violencia.

Las personas que utilizan la intimidación y la fuerza para mejorar su estatus o lograr sus objetivos pueden escalar en la violencia para seguir logrando recompensas. Sin embargo, es la violencia reactiva la que puede actuar evitando el malestar que, como hemos visto anteriormente, es la clave para que se convierta en un comportamiento adictivo.

También se pueden diferenciar distintos tipos de violencia en función de **hacia quién se dirige**:

Intrapersonal: dirigida hacia uno mismo, como las autolesiones o el suicidio.

Interpersonal: dirigida hacia otro/s, que son las que más claramente identificamos con la violencia, como las agresiones físicas o verbales.

Colectiva y social: la que no se dirige a nadie en concreto o lo hace de una forma general y difusa, por lo que a menudo no se identifican como actos violentos.

Ejemplos:

La violencia colectiva puede no tener un destinatario o un daño concreto, como ocurre en la promulgación de una ley que restringe las libertades, los daños que se ocasionan en bienes públicos durante una manifestación o la negación de ayuda al no avisar a las autoridades de un peligro en la carretera.

Son las dos primeras las que más nos interesan, ya que son manifestaciones directas y se pueden convertir más fácilmente en conductas repetitivas.

Otra dimensión se refiere a la forma de ejercer esa violencia. A menudo consideramos *violencia* = *agresión física*, pero existen muchas otras **formas de utilizar la violencia**, algunas de ellas bastante sutiles:

Física: es la que todos tenemos en mente cuando hablamos de violencia. Además de los golpes o el uso de armas, también podemos incluir cualquier tipo de coerción física, como atar o inmovilizar a alguien, invadir su espacio personal aún sin tocarlo.

Psicológica: es la que ejercemos sin que intervenga la fuerza o el movimiento. Incluye la violencia verbal, la intimidación a través de la mirada, etc.

Sexual: cualquier tipo de abuso o coacción de la persona en su libertad sexual, desnudar, tocamientos, etc. En estos casos no se considera una conducta sexual, sino violenta.

Reflexión:

En mi opinión, resulta triste reconocer que los impresionantes avances sociales, tecnológicos y de toda índole forman parte de una sociedad donde la violencia sigue tan presente.

Sabemos que existen alternativas a la violencia para resolver los conflictos, y en muchas ocasiones se evita una confrontación, pero nos queda mucho para que la violencia sea algo superado.

14. Cuando lo cotidiano se convierte en adicción

Hasta ahora, hemos realizado un recorrido por comportamientos normales que pueden formar parte de un problema de adicción psicológica, en función del tipo de relación que cada persona establezca con esa conducta.

A continuación, vamos a llevar al extremo esa idea de *"normalidad"*, al referirnos a actividades que, además de estar en la rutina diaria, son consideradas necesarias y positivas, como trabajar, ir de compras o tomar un refresco.

Compras compulsivas.

"Cuando uno lo encuentra, descubre que no lo quiere."
Eugene O'Neill, autor teatral nacido en Nueva York en
1888.

El fenómeno de las compras compulsivas (también
Oniomanía, Adicción a las compras o al consumo) está generando cada vez más preocupación, debido a la facilidad para
pasar del endeudamiento a la ruina más absoluta.

De hecho, este tipo de problemas solo terminan conociéndose
debido a las consecuencias del gasto excesivo y desproporcio-
nado.

"El que compra cosas superfluas, tendrá más tarde que
vender las necesarias". Benjamin Franklin, político, cientí-
fico e inventor estadounidense del s. XVIII.

Los productos que se obtienen a través de esta práctica casi
nunca son utilizados, por ser con frecuencia totalmente inútiles
para el comprador, lo que les lleva a veces a devolverlos.

Muchas veces se trata de una manifestación más de los **trastornos del estado de ánimo**, como la Ciclotimia o el
Trastorno Bipolar. La compra descontrolada puede darse en
los episodios maníacos (de euforia), donde apenas hay control
de impulsos y se toman decisiones irreflexivas.

Las personas que tienen **tendencia depresiva** pueden consumir como una forma de estímulo y gratificación, de búsqueda
de satisfacción. Esto no ocurre en las depresiones más severas,
en las que se pierde toda motivación.

Comprar por comprar puede ser también una estrategia de **liberación de la ansiedad** en personas con poco autocontrol, aunque esta opción no es tan común.

La compra como estrategia de manejo del malestar y búsqueda de satisfacciones está muy determinada por una "**cultura del consumo**", que nos incita a buscar la satisfacción en bienes materiales y no en otras dimensiones.

Esta "programación mental" no se refiere únicamente a la publicidad, sino a todo un estilo de vida que ya hemos interiorizado. Funciona porque tenemos la expectativa de que adquirir determinado producto me va a generar un estado de máxima felicidad.

En realidad, estas satisfacciones son tan efímeras que, la necesidad de aumentar el tiempo invertido y de buscar nuevas adquisiciones no tiene nada que envidiar a la tolerancia que incita a un toxicómano a aumentar el consumo de una droga.

Los estímulos asociados a la compra (publicidad, escaparates, carteles, etc.) son sumamente poderosos a la hora de desencadenar este comportamiento, poniendo en marcha esa "programación" como lo hacen la música de las máquinas tragaperras o los rituales de consumo de drogas.

Adicción al trabajo ("Workalholism").

Historia:

Workalholism: del inglés *work*=trabajo, *alcoholism*=alcoholismo. En 1968, W.E. Oates, profesor de religión norteamericano, utilizó por primera esta palabra para referirse irónicamente a su propia relación con el trabajo, comparándola con el alcoholismo.

Posteriormente, trató el asunto con más seriedad en un libro sobre el tema, definiendo el problema como una "necesidad excesiva e incontrolable de trabajar incesantemente, que afecta a la salud, la felicidad y las relaciones personales del adicto".

Otros autores han descrito este fenómeno con distintas definiciones más o menos cercanas a esta primera, aunque sin que exista un auténtico consenso ni se recoja en los manuales de diagnóstico, por ser aún un problema poco estudiado.

Quizás el mayor reto en la descripción de este trastorno es poder encontrar la frontera entre una alta implicación en el trabajo, siendo sana y productiva, y una dedicación desmedida, que puede considerarse patológica.

No se trata de valorar tan solo aspectos cuantitativos, como el número de horas de la jornada laboral, sino que se debe analizar de manera integral la relación que se establece con la actividad profesional y el impacto que ésta tiene en otras áreas de su vida.

Aunque no exista una única definición aceptada, sí que podemos hablar de un conjunto de **características** comunes a lo que se entiende por adicción del trabajo, también llamada *laboroadicción* o *laborodependencia*:

1.-Especial actitud laboral. El trabajo es lo más importante, por encima de familia o amigos. Los *laboroadictos* manifiestan una gran energía y vitalidad, a menudo motivada por una fuerte competitividad y comparación con los otros. Necesitan controlar lo que hacen y lo que les rodea, prefieren cargarse de responsabilidades antes que delegar en los demás.

2.-Excesiva dedicación de su tiempo y su esfuerzo al trabajo, lo que se conoce como "presentismo laboral" (lo contrario de "absentismo", faltar al trabajo). Trabajan más de lo que se le pide y se ponen metas cada vez más elevadas. Por ello, su alto rendimiento inicial termina siendo bajo en el largo plazo, lo que genera una frustración constante.

3.-Tendencia compulsiva e involuntaria a seguir trabajando, incluso cuando aparecen problemas de salud o hay otras responsabilidades que atender (familiares, citas médicas, etc.). El alto nivel de estrés, mantenido durante largo tiempo, provoca enfermedades cardiovasculares, trastornos digestivos, etc.

4.-Desinterés general por cualquier otra actividad, lo que desencadena frecuentes conflictos en la familia y separaciones. La insatisfacción fuera del trabajo es absoluta, mientras que la autoestima dependerá de los resultados que obtenga en éste. La comunicación con los demás, dentro y fuera del entorno laboral es muy pobre, agravada por la poca necesidad de relacionarse que experimentan.

En la mayoría de las adicciones psicológicas, realizar el comportamiento compulsivo (comer, comprar, jugar, etc.) es placentero por sí mismo. Sin embargo, para los adictos al trabajo lo satisfactorio no es la tarea que realizan, sino las consecuencias que pueden recibir por ella: retribución económica y, sobre todo, éxito, prestigio y reconocimiento social.

Otra particularidad de la dependencia del trabajo radica en que el estrés y el ritmo de vida facilitan la aparición de adicciones tóxicas. Se consumen drogas bien para mantener un alto nivel de dedicación, bien para facilitar la diversión en los escasos momentos de ocio.

Una curiosidad:

En Japón, uno de los países donde la cultura del trabajo es más significativa, existe el llamado "síndrome de karoshi", algo así como "muerte por exceso de trabajo".

> Se trata normalmente de ataques cardiacos repentinos en personas con factores de riesgo y un importante estrés laboral prolongado.

En el **origen y desarrollo** de este problema confluyen rasgos personales y factores externos:

El **tipo de personalidad** más susceptible de padecer este problema es el que se caracteriza por los siguientes rasgos: urgencia-impaciencia, hostilidad hacia los demás, pensamientos autoreferenciales (centrados siempre en uno mismo) y una implicación excesiva en la organización a la que pertenecen.

En cuanto a los **factores externos**, las investigaciones han comprobado que determinadas demandas que se transmiten al trabajador (las **"demandas retadoras"**) pueden incrementar de manera importante la motivación hacia una tarea.

Se trata sobre todo de aquellas que tienen que ver con una **sobrecarga de trabajo** y una **presión temporal** (tareas urgentes con fechas tope difíciles de asumir), que en personas con tendencia a implicarse en exceso propician las reacciones que hemos comentado.

La manera en la que estos factores internos y externos se asocian, es la que determina la evolución del problema. La negación de éste y la justificación constante, como ocurre con otras adicciones, están presentes en la adicción al trabajo.

En el intento por seguir trabajando, estos adictos pueden llegar a organizar las tareas del modo más complejo, realizar actividades innecesarias o crear errores para luego solucionarlos. Todo ello no se traduce en mejores resultados, a diferencia de los trabajadores que se implican sin llegar a la adicción.

El dato:

En España, por ejemplo, se estima que puede haber ente un 4% y un 5% de adictos al trabajo. Sin embargo el dato más alarmante es la previsión de futuro. Hay estudios que indican que las actuales tendencias en el trabajo y el ambiente de los entornos laborales van a multiplicar en 2015 el número de afectados, que llegaría hasta un 11% ó 12% de la población.

Malas compañías: la televisión.

Cualquier padre o madre trataría de evitar que su hijo se fuera con alguien a quien consideramos una "mala influencia".

Sin embargo, nos hemos acostumbrado a ceder a la televisión una parte muy importante del cuidado de los niños.

No se puede decir que ver la tele sea una actividad adictiva, no alivia las sensaciones de malestar ni desarrolla fácilmente dependencia. Más bien se trata de un elemento de evasión, de alejamiento de la realidad y, por ello, también puede tener consecuencias negativas.

Los problemas que pueden derivar de este medio (refiriéndonos a los más vulnerables, los niños) son parecidos a los que comentaremos al hablar de las nuevas tecnologías, pero de menor intensidad:

Uso inadecuado y/o excesivo, interfiriendo en otras actividades como estudio o relaciones sociales. Los atractivos estímulos audiovisuales captan toda la atención, pero manteniéndonos en una postura pasiva.

De hecho, una de las principales consecuencias de excederse en el tiempo de televisión está siendo el aumento de la incidencia de la obesidad infantil, a causa del **sedentarismo**.

Acceso a contenidos inapropiados o que puedan herir su sensibilidad: determinados anuncios, escenas violentas, etc.

A diferencia de lo que ocurre con tecnologías y canales de comunicación de aparición más reciente, las décadas de convivencia con la televisión han favorecido que se conozcan más sus riesgos y se generen mecanismos de control. Existen normativas en ese sentido en la mayoría de los países y las asociaciones de consumidores suelen exigir su cumplimiento, aunque no siempre con éxito.

El café, la cola, y otros estimulantes de andar por casa.

Se trata de alimentos o bienes de consumo que utilizamos a diario y que no tienen, de entrada, un efecto perjudicial en un organismo sano. Diferente es el caso en el que se abusa de su consumo.

En general, todos sabemos que tienen **componentes psicoactivos estimulantes** (aunque no los llamemos así); concretamente la cafeína en el café y los refrescos de cola, la teína del té y la teobromina en los alimentos con derivados del cacao.

Hay otros productos que tienen efectos relajantes, somníferos o estimulantes, como muchas infusiones o compuestos de herboristerías; pero éstos se utilizan más como alternativa a los fármacos, y no de manera tan generalizada.

A pesar de contener principios potencialmente adictivos, no es frecuente que el café o los refrescos de cola aparezcan como responsables de problemas importantes de adicción, sobre todo si tenemos en cuenta su **gran disponibilidad** y su **consumo generalizado**.

Sin embargo, resulta muy significativo que se den casos de ingesta de varios litros de refresco de cola al día (desde el desayuno a la cena), en personas que manifiestan sentirse incapaces de reducir el consumo.

En esos casos, al problema adictivo se le unen los efectos nocivos para la salud. No solo puede ser perjudicial la dosis de cafeína, sino también la elevada ingesta de gases carbónicos y azúcares refinados, entre otros.

La gran presencia de estos productos en la vida diaria de millones de personas, junto con su efecto estimulante, los coloca como candidatos para un uso abusivo, dentro de un estilo de vida poco sano.

¿Cuándo puede considerarse un problema este consumo? Como en otros casos, no puede establecerse una cantidad determinada, pues dependerá de variables como la edad, la genética, la coexistencia con trastornos mentales, la combinación con ciertos fármacos, etc.

En el uso del café también se dan consumos muy elevados, aunque bastante lejos de los descritos con los refrescos de cola. En ambos, el abandono puede conllevar la aparición de síndromes de abstinencia bastante acusados, con dolores de cabeza, insomnio e irritabilidad.

Mención especial merecen las mal llamadas **bebidas energéticas**, ya que su principal **efecto** es el **estimulante**. Contienen cafeína en concentraciones elevadas, altas dosis de azúcares y otras sustancias que, siendo legales, pueden ser perjudiciales para la salud si se consumen en exceso.

Con el tiempo han ido apareciendo nuevas marcas, diferentes presentaciones, y su consumo se ha popularizado a todos los niveles, y en muy poco tiempo. Se utilizan con frecuencia para mantenerse despierto durante largas salidas de marcha, en las que a veces se está varios días de fiesta sin dormir.

Además de los problemas de salud que pueden generar un consumo elevado, hay que tener en cuenta que la motivación que lleva a su uso está muy relacionada con un **estilo de vida adictivo** que busca "forzar la máquina" del metabolismo para no sucumbir al cansancio.

Otro riesgo aparece cuando se utiliza a la vez o mezclado con bebidas alcohólicas. Su efecto estimulante puede disimular la embriaguez del alcohol, que se consume entonces en mayor cantidad, lo que aumenta su daño para la salud.

> *El dato:*
>
> En Argentina, concretamente en la región de Entre Ríos, se creó una normativa que prohibía expresamente la venta de bebidas energéticas en los lugares de ocio donde se expendiera alcohol, con el fin de evitar los riesgos de un uso combinado.

15. La adicción al sexo

"*Apenas saciamos el hambre del corazón con la pasión momentánea, nos aburrimos y nos consumimos.*"
Aleksandr Pushkin, escritor ruso (1799-1837).

¿Existe la adicción al sexo?

Este trastorno es uno de los más recurrentes al tratar el tema de las adicciones sin drogas, y también de los más polémicos a la hora de lograr un consenso.

Se han utilizado diferentes términos para designar el problema de adicción al sexo, desde los más conocidos como "ninfomanía", hasta los más complicados como "comportamiento sexual compulsivo". Esto también ayuda a generar más confusión.

Historia:

El término "adicción sexual" se popularizó a raíz de la publicación del libro "Out of the shadows: understanding sexual addiction", (1983), de Patrick Carnes, aunque ya era utilizado por grupos de autoayuda (similares a los de alcohólicos) de personas con problemas sexuales.

Esta popularidad del concepto no coincidía con la opinión de los expertos en sexualidad, que negaban la existencia de tal trastorno, aunque sí con la de otros autores, a los que se les ha llamado "adiccionólogos".

En la actualidad, sigue existiendo una fuerte polémica: la mayoría de los sexólogos entiende que no existe esta adicción, porque en la respuesta sexual no se puede hablar de tolerancia y dependencia, ni existe un criterio objetivo de cuánto sexo es normal.

También atribuyen parte de la responsabilidad del problema a los prejuicios morales y religiosos que han trasmitido una imagen negativa de la sexualidad. Afirman que, en base a ella, muchas personas han podido sentirse culpables de sus prácticas y autodiagnosticarse como adictos al sexo, generando así un problema donde no lo había.

En el otro extremo, los adiccionólogos consideran que es un trastorno muy frecuente, que afecta de manera importante a distintas áreas de la persona. También argumentan que los terapeutas sexuales trivializan el problema, favoreciendo que vaya a más.

Como en otros asuntos, se puede encontrar un equilibrio entre los dos polos, entendiendo que sí existe un trastorno de compulsividad sexual, aunque posiblemente pueda parecerse más a problemas de tipo obsesivo-compulsivo.

Por otra parte, quien tenga sentimientos de culpa por no controlarse a nivel sexual como le gustaría no tiene que ser un adicto. Puede ser también un problema distinto. Ahí lo que sí se constata es que hay muchas carencias en educación sexual y una imagen negativa de la sexualidad.

Pornografía y contactos en la red.

Si existe hoy en día un contexto donde el tema sexual anda descontrolado, ese es Internet. Después abordaremos su importancia en las adicciones sin sustancia, pero ahora vamos a valorar el papel que juega Internet en la adicción al sexo.

> *Datos:*
>
> La palabra más buscada en Internet es "sexo".
>
> El 12% del total de las webs son pornográficas, unas 4,2 millones.
>
> El 25% del total de búsquedas en Internet están relacionadas con la pornografía.
>
> El 90% de los niños entre 8 y 16 años han visto porno online.

Además de los datos cuantitativos referidos a la pornografía, sabemos que existen también un gran número de espacios y servicios dirigidos a adultos, con una motivación sexual: chats, páginas de contacto, webs de búsqueda de parejas, etc.

El hecho de que dos adultos utilicen algunas de estas formas de *cibersexo* o busquen amantes a través de Internet no representa, de entrada, un síntoma de un problema sexual. Para ello deben darse otros factores que ya hemos comentado, como sentimiento de culpa, necesidad de evadirse de los problemas, intentos de controlar sin éxito, etc.

Sin embargo, para muchos, esta disponibilidad sí que puede suponer un problema. Hay modas, como el "sexting", que consiste en enviar fotos o videos de uno mismo desnudo o con poca ropa. Este tipo de prácticas, comunes en los más jóvenes, pueden generar luego graves problemas por difundir las fotos, recibir amenazas e incluso todo tipo de acosos.

Vamos a ver las razones de que el cibersexo se haya desarrollado de esta manera. Es lo que se llama el "motor de la triple A":

Accesible: hoy día podemos contar con un acceso permanente a la red a través de los ordenadores, teléfonos, tablets, etc.

Asequible: los bajos precios y las tarifas planas facilitan que el acceso a Internet no suponga un gran desembolso.

Anónimo: es uno de los aspectos que más valoran las personas que buscan sexo en la red porque no son capaces de hacerlo en vivo. La timidez puede quedar atrás cuando se navega con otra identidad.

16. Las nuevas tecnologías

"Estamos firmemente convencidos de que el único y más importante uso de la tecnología de la información es mejorar la educación." Bill Gates, empresario y filántropo estadounidense, cofundador de la empresa Microsoft.

La humanidad, a lo largo de su historia, ha vivido varias revoluciones, cambios de ciclo en los que se superan modelos anteriores, se realizan descubrimientos y logros científicos y se encuentras soluciones inesperadas a problemas históricos.

Tras las revoluciones industrial y energética de los siglos anteriores, ahora nos encontramos con una "Revolución Tecnológica", en concreto de las **Tecnologías de la Información y la Comunicación**, conocidas como TIC´s.

Todo lo que "huela" a nuevas tecnologías, a más moderno, ligero, potente o sofisticado adquiere un valor especial y pasa a ser un objeto de deseo para muchos.

Los nuevos dispositivos ya no son sólo una ayuda al trabajo, son "el trabajo" en sí, herramientas imprescindibles en casi cualquier actividad laboral, a las que a veces prestamos más atención que a las personas que están a nuestro alrededor. Por otra parte, gran parte de los avances en esta área nos facilitan nuestra vida y pueden generar trabajo y riqueza.

En este contexto, el teléfono que me compré ayer, ya no vale hoy, no es un "smartphone". El flamante ordenador portátil que aún estoy pagando queda en ridículo frente a la comodidad y las prestaciones de una moderna "tablet".

Hay que reflexionar sobre esta realidad para entender con qué velocidad se producen ciertos cambios, tanto que a muchos no nos da tiempo a adaptarnos a ellos. Vamos a hacerlo empezando por las transformaciones (lejanas ya) que llegaron cuando comunicarnos por teléfono dejó de ser un privilegio; para terminar en "la madre de todas las tecnologías", la red de redes, Internet.

En torno a Internet giran gran cantidad de soluciones nuevas y de nuevos servicios, pero también situaciones en las que aparecen nuevos problemas, comportamientos adictivos y escenarios que a menudo escapan al control de leyes y fronteras o, de la última barrera de seguridad, a la vigilancia de los padres de niños y adolescentes que son los más vulnerables.

Como ocurre en el desarrollo de cualquier adicción, suelen confluir factores personales o ambientales que predisponen a que pueda presentarse un trastorno determinado. Sin embargo, podemos enumerar algunas **características** propias de las **TIC´s** que propician el descontrol y la aparición de problemas:

El **bajo o nulo coste**. Si bien los dispositivos electrónicos modernos (ordenadores, teléfonos, tablets, etc.) pueden llegar a ser muy caros cuando salen al mercado, también ocurre que no es difícil encontrarlos a bajo precio cuando ya no son la referencia, o conseguirlos a coste cero (o casi) en función del compromiso de permanencia en compañías telefónicas y de Internet.

La **accesibilidad permanente**. Ya comentamos en la primera parte del libro cómo la disponibilidad de la sustancia o comportamiento potencialmente adictivo siempre aumenta la probabilidad de un uso problemático. En el caso de las TIC´s el acceso puede ser total, por ejemplo cuando hablamos de los nuevos teléfonos inteligentes.

La **facilidad para comunicar**. En especial, sentimientos y emociones, por lo que aquellos que tengan menos habilidades sociales encontrarán un "oasis" en el que pueden transmitir sus vivencias sin sentirse observados o evitando el miedo al rechazo.

El **refuerzo social** en tiempo real. Para los adolescentes y jóvenes, y para las personas que tienen dificultad para relacionarse, el hecho de poder recibir apoyo mutuo instantáneo a través de una red social, o que sus mensajes (SMS, WhatsApp, etc.) sean respondidos en muy poco tiempo, supone una poderosa satisfacción que quizás no encuentren en otras actividades sociales.

Veamos ahora algunos de los problemas que pueden relacionarse con las nuevas tecnologías. En la mayoría de los casos vamos a hablar no solo de adicción, sino de uso problemático, abuso o problemas asociados al empleo de las TIC´s.

El teléfono: donde comienza la necesidad de estar "conectado".

> *Historia:*
>
> El teléfono fue inventado por Alexander Graham Bell en 1876.
>
> Cuando en 1973 Martin Cooper presentó el primer teléfono móvil, tenía poco que ver con los que conocemos ahora: era caro, grande y muy pesado, de casi un kilo.
>
> Pasaron diez años, hasta que en 1983 se concedió la primera licencia comercial para su utilización, entre las ciudades norteamericanas de Washington y Baltimore.

El teléfono móvil (también llamado celular), ha demostrado que cualquier limitación, por difícil que parezca, puede ser superada, permitiendo una comunicación casi sin límites.

En este caso, no es tan llamativo el aspecto tecnológico como el hecho de haberse popularizado su uso tan rápidamente, reducido el tamaño de los aparatos, abaratado su coste (o eliminándolo a cambio de suscribir contratos con compromiso de permanencia) y diversificado sus prestaciones.

> *Dato:*
>
> En España, según datos del Instituto Nacional de Estadística (2008), el teléfono móvil está presente en el 92,1 % de los hogares, superando el 81,3 % de los teléfonos fijos convencionales. Entre los 16 y 24 años se da el mayor uso de móviles, con el 98,1%, y en niños ya lo utilizan el 65,8 %.

El teléfono móvil es un buen ejemplo de cómo una solución tecnológica pasa a ser un bien de consumo dirigido no sólo a los adultos, como ocurría antes, sino también a niños y adolescentes.

Es el caso de los habituales juegos (completos o "demos") que traen gratuitamente los aparatos, o incluso de los terminales diseñados, de manera expresa, para que sean utilizados por niños de temprana edad.

> *Dato:*
>
> Según el Observatorio de la Seguridad de la Información del INTECO (Instituto Nacional de Tecnologías de la Comunicación), alrededor de dos tercios de los menores españoles de entre 10 y 16 años tienen un móvil propio. Si hablamos de edades de 15 y 16 años pasamos a un 89%.

Esa generalización en la disponibilidad de los móviles, unida al crecimiento exponencial de sus funciones (fotografía, música y vídeo, correo electrónico, Internet, etc.), es el caldo de cultivo en el que pueden desarrollarse problemas psicosociales y de adicción relacionados con su uso.

Son los teléfonos móviles de última generación, llamados también *inteligentes* o *smartphones*. Abren la puerta a otras formas de comunicación a través del tráfico de datos que nos conecta a Internet (y a todas sus posibilidades) y a otras muchas aplicaciones de mensajería, Chat, redes sociales, etc.

De alguna forma, esa versatilidad del teléfono le permite actuar como *facilitador* en el desarrollo de otros problemas de abuso y adicción, ya que permite un acceso inmediato y casi ilimitado a Internet y a otras aplicaciones, lo que favorece la falta de control.

Una consecuencia directa del abuso del móvil es el aislamiento y la falta de atención en actividades cotidianas. Cuando utilizar el móvil interfiere en las relaciones familiares, sociales, o en las responsabilidades personales (estudio, trabajo, etc.) es una señal de alarma de que algo empieza a ir mal.

Cada vez se habla más de personas que tienen pánico a estar sin su móvil. Vuelven a casa si han salido sin él, piden desesperadamente un cargador si se quedan sin batería o no se separan de él ni para ir al baño. Resulta tan característico, que hasta se le ha dado un nombre propio a este problema, la **Nomofobia**.

Este miedo a quedarse sin el móvil no está relacionado con la necesidad de usarlo en algún asunto importante, una llamada de trabajo, etc. Es simplemente el **miedo a no estar conectado,** en personas que lo utilizan como forma de relacionarse con los demás.

Dato:

Según datos de la Comunidad de Madrid, un 28% de los menores que utilizan el teléfono móvil se ha sentido agobiado por prescindir de él, y un 10% lo ha pasado fatal al no poder utilizarlo.

Las encuestas realizadas por agencias de seguros acerca del uso del móvil arrojan datos llamativos: miramos nuestro móvil una media de 34 veces al día, y el 75 % de los usuarios se lo llevan al baño.

El WhatsApp y las mensajerías instantáneas.

Uno de las funciones "estrella" en el uso de teléfonos inteligentes es el de las mensajerías instantáneas que, como indica su nombre, permiten mandar mensajes que se reciben y contestan al momento, al estilo de los chats de Internet.

Una de las más difundidas es el WhatsApp, pero hay muchas, algunas son específicas de una marca concreta y otras son universales. Con frecuencia permiten el envío de archivos (fotos, música, vídeos) de manera gratuita, lo cual los hace aún más atractivos.

Dato:

Se calcula que en el mundo hay más de 1.300 millones de usuarios de WhatsApp, que envían alrededor de 12.000 mensajes por segundo.

De forma sutil, estas aplicaciones (y muchas otras que no citaremos) han modificado la forma de comunicarse por teléfono, ya que presentan algunas **diferencias** importantes con lo que conocíamos hasta ahora:

Al ser **gratuitas** (o por lo menos, no aumentar el coste de una tarifa plana contratada) no es preciso un motivo para comunicarse, puedo hacerlo y lo hago. Los mensajes con coste (SMS) normalmente se envían para comunicar algo, los de WhatsApp, por gusto.

Puedo mantener una **conversación en tiempo real**, y además puedo hacerlo sin que nadie me escuche, disimuladamente. Esto permite un uso "pirata" (por ejemplo, mientras asisto a clase) o por lo menos secreto, cuando se supone que estoy estudiando o realizando cualquier otra actividad.

En lugar de un ordenador o un portátil, puedo enviar mensajes gratuitos desde un pequeño teléfono móvil, es decir, **en cualquier parte**.

Todas estas características constituyen el gran atractivo de estas aplicaciones, pero también facilitan el uso problemático cuando se trata de chicos muy jóvenes o con poco autocontrol.

Por una parte, la inmediatez y la disponibilidad pueden generar tensión, ante la expectativa de tener respuesta. En algunos casos, la ausencia de ésta genera un malestar que puede traducirse en conflictos con aquél que no ha respondido.

Curiosidad:

Cuando se envía un mensaje a través de WhatsApp, aparece un símbolo de check (✓) que indica que el mensaje ha sido enviado.

Después, aparece junto al primero un segundo símbolo (✓✓), que indica que el mensaje ha llegado al otro teléfono. Sin embargo, muchos han creído que significaba que el receptor lo había leído, y se enfadaban cuando la respuesta se hacía esperar.

La confusión era generalizada, y los responsables de la aplicación decidieron aclararlo en su web y en las redes sociales, y hasta hay un cortometraje ("Doble check") que juega con esa confusión.

Por otra parte, el problema puede venir por la atención y el tiempo que se le dedica: mirar constantemente si me ha llegado algún mensaje, contestarlos en el momento dejando lo que esté haciendo e incluso la aparición de "vibraciones fantasma", que consiste en notar la vibración que indica que me ha llegado un mensaje, sin ser así.

Estos problemas pueden interferir gravemente en las actividades cotidianas, y generar problemas de relación y comunicación con familia y amigos, por lo que no es conveniente quitarle importancia si aparecen los primeros síntomas.

Consolas y videojuegos.

Historia:

El primer videojuego, "Pong", empezó a funcionar en 1972, en un local de California.

Su diseñador fue Nolan Bushnell que, con un capital inicial de 500 $, fundó la empresa Atari, que durante años fue sinónimo de videojuego.

Entre los colaboradores de Bushnell estaban dos jóvenes muy prometedores, Steve Jobs y Steve Wozniak, que posteriormente fundaron Apple y crearon un nuevo concepto de informática personal, desarrollando productos tan novedosos como el iPad o el iPhone.

El universo de Internet, los videojuegos y los productos informáticos tienen un origen común, y sus fronteras siguen siendo difusas a veces.

Eran, hasta hace poco, el regalo estrella para cumpleaños, día de Reyes, etc. Hoy en día siguen evolucionando, pero han perdido su lugar de privilegio ante la llegada de numerosos dispositivos (teléfonos, portátiles, etc.) que también incorporan juegos cada vez más elaborados.

En cualquier caso, la oportunidad de interactuar con otros usuarios a través del juego online, abre nuevas posibilidades, cuyos riesgos no siempre son bien conocidos.

En cuanto a las consecuencias negativas, el concepto de "adicción a los videojuegos" suscita la misma polémica que en otros trastornos que ya hemos tratado. A veces, son los medios quienes generan una alarma poco específica sobre los peligros de las consolas y juegos de ordenador, lo que no ayuda a prevenir los riesgos reales que sí tienen estos dispositivos.

Es conveniente recordar que los videojuegos y simuladores han servido para otros fines además de los estrictamente lúdicos. Por ejemplo, en tratamientos médicos para distraer del dolor, en rehabilitación, etc.

Los **problemas más frecuentes** en los usuarios de videojuegos (especialmente niños y adolescentes) tienen que ver con un

uso excesivo o continuado y con el **acceso a contenidos inapropiados** (violencia, sexo explícito, drogas, etc.).

También se plantea que el uso problemático de los videojuegos sea un síntoma de otras patologías (depresión, ansiedad) que constituyan el problema de fondo.

En la exposición prolongada a estos juegos hay que considerar que los estímulos visuales y auditivos son tan rápidos y llamativos, que captan poderosamente la atención, haciendo muy difícil poner fin al tiempo de juego.

> *Dato:*
>
> Según investigaciones realizadas en la Comunidad de Madrid, un 7% de los menores que utilizan videojuegos, les dedican más de tres horas diarias en días laborables, y hasta un 28% emplean en jugar tiempo que deberían dedicar al estudio.

En cualquier caso, los efectos perniciosos de los videojuegos son más importantes cuanto más joven es el usuario, por lo que es responsabilidad de padres o tutores el realizar un seguimiento del uso, y limitar el acceso de los más pequeños.

Internet.

> *Historia:*
>
> Internet nació en los años sesenta, cuando el Departamento de Defensa de los Estados Unidos encargó a unos expertos soluciones para la seguridad estratégica. El resultado fue la red ARPA, cuyo objetivo era la comunicación militar.
>
> Una década después pasó a manos de investigadores universitarios, comenzando su uso público, sin sospecharse el impacto que tendría a nivel mundial...

En 1995, el psiquiatra Ivan Goldberg describió de manera clara un nuevo trastorno, el "Desorden de Adicción a Internet" (IAD).

Posteriormente, él mismo admitiría irónicamente que se lo había inventado, afirmando que "si extendemos el concepto de adicción para incluir todo aquello que la gente hace en exceso, tendríamos que aplicarlo también a otras actividades como leer libros, hacer ejercicio o simplemente hablar con los demás".

En el otro extremo, otros expertos afirman tajantemente la existencia de este problema. Destaca la doctora Kimberley Young, que actualmente es un referente mundial en este tema.

En estas líneas podría quedar resumida la **controversia** que existe en torno al concepto de "**Adicción a Internet**" (A.I.), ante el cual los propios expertos no se ponen de acuerdo. Veamos por qué:

En los vigentes manuales de diagnóstico de problemas mentales (DSM IV, CIE-10), no aparece mención alguna a este tipo de problemas, por lo que los expertos más ortodoxos niegan de entrada su existencia.

Por otra parte, la aparición de problemas asociados al uso de Internet y otras tecnologías es tan reciente, como para que su estudio no fuera prioritario cuando se elaboraron esos manuales, hace ya bastantes años.

De hecho, en la próxima edición del manual que realiza la Asociación Americana de Psiquiatría, el DSM V, sí se va a considerar este trastorno, si bien lo engloban en una categoría como "pendiente de más estudios".

Además de reciente, el uso problemático de Internet no es percibido de manera tan alarmante como las adicciones a sustancias, por lo que es poco probable que se considere un problema grave, y más aún que se acuda a un especialista para superarlo.

Si aún llegan pocos casos de A.I. a las consultas y centros especializados, no se tiene constancia de que haya tantas personas afectadas por este problema, negando su existencia.

El hecho de que exista esta polémica, y los numerosos estudios que se realizan sobre este tema, son indicadores de que estamos ante un problema real, con un evidente impacto en las personas; si bien es difícil de delimitar y catalogar aún por encontrarse en fase emergente.

Dato:

El último estudio de la Asociación para la Investigación de Medios de Comunicación (AIMC), de 2011, demuestra la importancia que tiene la Red en nuestra vida. El 86% de la población encuestada (usuarios de Internet que visitan sitios webs españoles) se conecta varias veces al día.

En los anexos finales podemos encontrar cuestionarios que ayudan a determinar si se hace un uso problemático de Internet.

Al hablar de los peligros de Internet, es necesario partir del reconocimiento de que sus ventajas y posibilidades creativas, laborales, personales, etc., parecen no tener límites.

En cuanto a los riesgos, no son muy diferentes de los comentados en el uso de las nuevas tecnologías en general, o los que comentaremos al hablar de las redes sociales.

Un aspecto fundamental del uso problemático de Internet radica en que puede actuar como catalizador (potenciador) de otros problemas de adicción, como el juego, las compras o el sexo.

De hecho, algunos autores coinciden en distinguir las siguientes **modalidades de adicción a Internet**:

Adicción Cibersexual: uso compulsivo de las salas de Chat para adultos, búsqueda de pornografía en la red, etc.

Adicción a la Ciber-relación: a las redes sociales y grupos de relación que sustituyen a las relaciones fuera de la red.

Compulsiones de la red: sobre todo con los juegos online y el comercio electrónico.

Vagabundos electrónicos: los que navegan compulsivamente por la red sin una meta específica, dejándose llevar.

La incidencia de este problema en la población aún es difícil de determinar, ya que no hay criterios uniformes. Seguidamente presentamos algunas estadísticas en los que se aprecian muchas diferencias según los países y el tipo de estudio.

Datos:

En 2004, una muestra de adolescentes noruegos dio un cálculo de 1,98% de adictos a Internet, mientras que en estudiantes británicos ese porcentaje subió hasta el 18,3%.

En Perú el estudio realizado arrojó el dato de que el 7% de los usuarios de Internet tenía la adicción o estaba en alto riesgo de desarrollarla.

Redes sociales.

Se trata de "**redes sociales virtuales**", espacios para relacionarse dentro de Internet, donde las personas registradas pueden comunicarse, compartir opiniones o experiencias, mostrar fotografías o archivos de video, etc.

En una red social las personas están interconectadas a través de Internet, y sus vínculos pueden ser de los más variados: familiares, de amistad, laborales, de aficiones, etc. Son grupos dinámicos, en evolución, donde unas personas entran y otras salen.

Según su **temática** las redes sociales pueden dividirse en:

Redes **específicas o verticales**: se refieren a una temática determinada o a un colectivo más o menos específico y su difusión es mucho menor. Ejemplos: Genviajero (de viajes) o Cinemavip (sobre cultura audiovisual).

Redes **generalistas u horizontales**: son la mayoría de las que existen en la actualidad y las más conocidas. En algunos casos pueden generarse dentro de estas redes más amplias subgrupos o espacios más específicos como en las redes verticales. Algunos ejemplos conocidos: Facebook, Tuenti, Hi5, o MySpace.

> Las redes horizontales, donde es relativamente fácil registrarse, suelen estar abiertas a nuevas incorporaciones, lo que permite el contacto rápido y fácil con personas desconocidas.

Se puede decir que muchas de las posibilidades que permiten las redes sociales están por descubrir. Además de las ventajas para los profesionales, están permitiendo que numerosas personas se ocupen y sigan en contacto con el mundo, como ocurre con algunas personas mayores.

Entonces ¿dónde esta el problema? Pues, al igual que una herramienta puede ser utilizada para hacer daño, el gran potencial de estas redes implica ciertos riesgos que, como hemos comentado antes, son más importantes cuanto más jóvenes son sus usuarios.

Para hablar de los riesgos habría que diferenciar entre las redes sociales convencionales (como las que hemos nombrado anteriormente) y los portales o páginas webs de contacto, donde las personas nunca se conocen de antemano, y cuyo fin suele ser la búsqueda de parejas sexuales.

Las **características** que hacen tan atractivas (y adictivas) a las **redes sociales**, son las mismas que ya hemos comentado al hablar de las nuevas tecnologías en general: **accesibilidad permanente, bajo coste, facilidad para comunicar, refuerzo social instantáneo**, etc.

Sin embargo, las redes sociales van más allá al permitir una comunicación mucho más intensa y comprometida que la que tenemos en un correo electrónico o en un mensaje de texto. Los usuarios comparten información personal sin necesidad de verse, lo que da una cierta seguridad, un aparente anonimato.

En este contexto, la frontera entre lo íntimo (que sólo yo conozco), lo privado (que sólo comparto con los más cercanos) y lo público (que está al alcance de un grupo mayor), está muy difusa. Es muy fácil que se compartan informaciones o imágenes muy personales en un grupo de comunicación en el que hay personas con las que apenas se tiene confianza.

Una curiosidad:

En 2012 se han sucedido episodios en los que personajes de la vida pública habían colgado, por equivocación o no, una foto indiscreta, un comentario atrevido o algún dato personal (teléfono, dirección, etc.) que después les han supuesto más de un quebradero de cabeza.

Si esto les ocurre a personas que están acostumbradas a guardar con celo su intimidad, qué no puede pasarle a aquellos que están más confiados.

Algunos de los **problemas** que se derivan del uso de las **redes sociales** son:

Acceso a contenidos inadecuados: violencia, sexo explícito, mensajes racistas o de sectas, etc. A diferencia del acceso en los buscadores de Internet, en las redes sociales estos contenidos pueden llegar sin que el receptor los busque.

Pérdida de intimidad: como ya hemos comentado, las características de la comunicación en una red social hace muy fácil que se transmita información personal, que se busque tener cada vez más contactos sin importar quién sea, o que se expongan en exceso opiniones o creencias en un intento por ser más popular.

Ciberacoso entre iguales (Ciberbullying): el maltrato psicológico continuado entre menores, utilizando para ello las redes sociales u otros canales de comunicación virtual. Pueden ser insultos o burlas, difusión de imágenes o videos vulnerando su intimidad o incluso la suplantación de la identidad para hacerse pasar por el acosado en la red.

Ciberacoso sexual (Grooming): se da cuando alguien (normalmente un adulto) utiliza estrategias de acercamiento a otra persona (generalmente un menor) con el objeto de conseguir algún contacto sexual. A menudo se utilizan identidades falsas y se amenaza o coacciona al menor con dar a conocer aspectos de su vida privada.

> *Dato:*
>
> Según el Centro de Investigaciones Sociológicas, en 2011 el 1,7 % de los jóvenes que pidieron ayuda por acceder a Internet lo hizo porque sufrió el acoso de sus compañeros. El 5,2 % lo hizo porque sufrió algún acoso sexual por adultos.

17. Nuevas drogas y nuevas formas de consumo

El uso recreativo y el ocio.

En el contexto de las grandes fiestas "alternativas", del ocio nocturno y los locales de marcha es donde más se advierte un uso de sustancias nuevas (en realidad, casi nunca lo son) o nuevas formas de consumir las mismas sustancias.

La búsqueda de sensaciones intensas y enajenantes es la causa de la experimentación con sustancias nuevas o desconocidas. Como vimos en los primeros capítulos, utilizar drogas cuyos efectos no son bien conocidos y que se consumen con el único fin de colocarse es doblemente peligroso.

Pero no sólo aparecen sustancias nuevas, también cambian las formas y patrones de consumo: vías de administración distintas a la habitual, mezcla de drogas, abuso de fármacos desconocidos, etc.

Este uso experimental, de alto riesgo, sin información fiable y que puede estar repitiéndose durante varios días, se relaciona con frecuencia con jóvenes y adolescentes. No es de extrañar, si recordamos como en los primeros capítulos detallamos la baja percepción del riesgo que se tiene en esas edades.

Las drogas de diseño.

Historia:

El término "drogas de diseño" viene utilizándose desde que lo hizo en los años sesenta Gary Henderson, farmacéutico de la Universidad de California. Con él se refería a sustancias obtenidas de la experimentación de laboratorios legales, pero que por tener potentes efectos psicoactivos, terminaban vendiéndose en el mercado negro.

Posteriormente, estas sustancias se sintetizaban en laboratorios clandestinos, de ahí que también se les llame "drogas de síntesis", adulterándolas con todo tipo de sustancias, incluyendo venenos como la estricnina.

Bajo el nombre genérico de "drogas de diseño" o "de síntesis" se engloban, en realidad, una importante variedad de sustancias que, además, pueden aparecer combinadas entre sí. Su nombre tiende a generalizarse a aquellos productos obtenidos en laboratorios sin partir de elementos naturales.

Aquí vamos a detenernos con más detalle en las más importantes y conocidas, los **derivados anfetamínicos**. Son junto con la cocaína, los **estimulantes** más utilizados en el contexto de las grandes fiestas y los interminables fines de semana de marcha.

La composición de las pastillas va cambiando ligeramente cada poco tiempo, para evitar coincidir con las sustancias que ya han sido prohibidas por estar demostrado su peligro. De esta forma, las condenas por traficar con ellas no son tan graves como cuando se trata de drogas recogidas en los catálogos internacionales de sustancias peligrosas.

La más común es el **Metilenodioximetanfetamina** (**MDMA**), más conocido como **Éxtasis**. Se trata de un derivado de las anfetaminas que tiene un efecto estimulante, por lo que se utiliza en fiestas y para aguantar más tiempo sin dormir.

Dato:

La ONU ha mostrado su preocupación por el consumo creciente de Éxtasis en la juventud de Latinoamérica. En Argentina, los estudiantes han pasado de un 0,2% de consumidores en 2001, a un 2,6% en 2009.

Los **principales riesgos** de esta droga y de otras similares como la Metanfetamina (MDA) son:

Es relativamente fácil sufrir una **sobredosis**, ya que sus fórmulas son cambiantes, los efectos pueden variar mucho de unas personas a otras, se mezclan diversas sustancias en el mismo comprimido, y el patrón de consumo habitual es tomar las pastillas muy seguidas, sin que dé tiempo a notar los efectos.

Problemas cardiacos y fallos orgánicos. Entre sus efectos secundarios se encuentran la taquicardia y la subida de la temperatura corporal, lo que unido a la intensa actividad física al bailar y la no sensación de cansancio produce deshidratación, fallos renales y cardiovasculares.

Curiosidad:

Muchos podemos recordar la famosa "ruta del bacalao", que recorría parte de la costa mediterránea española visitando locales

---

de moda durante los fines de semana. Parte de su fama se debe a las intoxicaciones graves (incluyendo muertes) que tuvieron lugar en ella, y a las grandes cantidades de drogas que se incautaron.

Se trataba de pastillas, con distintas formas, colores y, a menudo, dibujos, que al ser analizadas confirmaron una composición similar a las anfetaminas usadas terapéuticamente.

Sin embargo, sus formulas variaban mucho de unas a otras, conteniendo alucinógenos, sustancias químicas muy diversas, antihistamínicos e incluso pastillas anticonceptivas o sin principios activos relevantes. En esos casos, su consumo tiene un efecto más psicológico que real. Es lo que se conoce como "efecto placebo".

El **Ácido Gamma Hidroxi butirato sódico (GHB)** es producido de manera natural por el organismo en pequeñas cantidades. Sin embargo, su consumo como droga de abuso conlleva importantes riesgos, especialmente por el estrecho margen entre los efectos deseados y la intoxicación aguda.

Es, a diferencia de los anteriores, un **depresor y perturbador del sistema nervioso central**, es decir, no actúa como estimulante sino más como un relajante. Sus efectos son similares a las de una borrachera de alcohol, generando relajación, desinhibición y descoordinación, aunque a dosis mayores puede llegar a producir pérdida de conciencia y coma.

Otra droga de laboratorio que pasó rápidamente al uso ilegal es la **Feniciclidina** (**PCP**) conocida popularmente como "**Polvo de ángel**".

En su día se sintetizó para uso analgésico y anestésico, pero no llegó a ser utilizada en humanos. En lugar de eso, se extendió en el mercado negro por tener efectos similares a las anfetaminas y los alucinógenos, según las dosis.

Nuevas y viejas drogas.

Más recientemente, se ha detectado el uso (en ocasiones ya muy extendido) de sustancias peligrosas que, o bien forman parte de la tradición de las plantas medicinales, o son compuestos químicos que no están diseñados para su uso en humanos.

En el primero de los supuestos tenemos el ejemplo del **Estramonio,** una **planta venenosa** similar a la belladona, que era muy utilizada hace siglos por sus efectos psicotrópicos. En la actualidad, el consumo de hojas de estramonio ya ha **causado muertes** de jóvenes en las llamadas fiestas "rave".

En el segundo caso, nos encontramos con la **Ketamina,** un **anestésico** legal de uso **veterinario.** Las sensaciones disociativas (de separación del cuerpo y la mente) que produce en las personas su consumo, similares a las drogas alucinógenas, han popularizado rápidamente su uso, desviando parte de la producción de los laboratorios veterinarios al tráfico ilegal de droga.

La **alta toxicidad** de este compuesto también ha dado lugar a casos de graves intoxicaciones y muertes, al ser consumida sin considerar los riesgos, que van desde los neurológicos hasta los cardiovasculares.

Otra sustancia que se había utilizado como medicamento y ha pasado a un uso ilegal es el **Nitrato amílico** y sus variantes, conocido como **Poppers.** Se utiliza como inhalante y su efecto vasodilatador produce taquicardia y un estado de embriaguez intenso, pero efímero.

Se ha puesto de moda en ambientes gays y se utiliza para las relaciones sexuales, entre otras cosas porque genera una gran desinhibición. Sus efectos perjudiciales son numerosos, más aún cuando el estado que genera facilita que se realicen **conductas de riesgo.**

Estos son solo algunos ejemplos de usos recreativos de sustancias que, nuevas o no tanto, han pasado recientemente al *recetario* de las drogas.

Se podría decir que, cuando lo prioritario es *colocarse*, siempre habrá alguien dispuesto a probar cualquier cosa, sin tan siquiera informarse de los riesgos.

Nuevas formas de consumo.

Una misma sustancia puede ser consumida a través de diferentes vías (oral, fumada, esnifada, etc.) pudiendo tener efectos también distintos.

Ejemplo:

El cannabis, cuyo consumo más frecuente es fumado, también se utiliza, en ocasiones, ingerido. En ese caso, la absorción es mucho más lenta y prolongada. Así, aumenta su concentración en la sangre, con mayor riesgo de sufrir sobredosis y efectos alucinógenos que cuando es fumada.

La búsqueda de nuevas sensaciones y de colocarse con menos dinero hace que se experimente con **nuevas formas de consumo,** lo que **aumenta el número de problemas de salud**, al ser los riesgos menos conocidos.

Una sustancia tan conocida y utilizada como el alcohol se está consumiendo, en algunos ambientes, de las formas más inverosímiles:

En zonas turísticas se han puesto de moda unos inhaladores (llamados "oxy-shots") que mezclan el alcohol con oxígeno para que llegue directamente a los pulmones, donde pasa más rápido a la sangre y produce una borrachera casi instantánea.

En ciertos ambientes estudiantiles se ha puesto de "moda" verter el alcohol directamente en el ojo. El efecto también es tan rápido como doloroso, por no hablar del deterioro crónico que llega a provocar en el ojo.

Otra manera "ingeniosa" en el uso del alcohol es la de impregnarlo en un tampón higiénico e introducirlo por los orificios corporales (ano o vagina), donde la absorción es más rápida, y sus consecuencias menos previsibles.

Son prácticas que se transmiten a través de Internet por personas que buscan sensaciones extremas y que, a menudo, son demasiado jóvenes para entender los **riesgos**. A los propios del **abuso de alcohol** por vía oral, se le añaden en estos casos los de **sobredosis** (más probable que cuando es bebido), **infecciones** y **lesiones** que pueden ser permanentes.

En otras situaciones, lo que se modifica es la propia sustancia, con el fin de aumentar sus efectos, y que genere adicción más rápido.

Tomando de nuevo el ejemplo del cannabis, el gobierno de Holanda ha decidido aumentar las medidas de control sobre su comercio (con regulación legal en su territorio). Esto se debe a que las variedades de la planta se están manipulando para lograr mayores concentraciones de THC (su sustancia activa), que están llegando a ser del 15% al 18%, cuando la importada no supera el 6,6%.

Por último, hay que considerar el hecho del **policonsumo**, es decir, la mezcla o **combinación de distintas sustancias** en un breve espacio de tiempo.

Cada vez es más frecuente encontrar consumidores de sustancias que buscan combinarlas con diferentes **motivos**. Veamos algunos de ellos:

Potenciar los efectos. Es cuando se realiza un consumo simultáneo de sustancias con efectos similares, como utilizar varios tipos de estimulantes (cocaína, anfetaminas). Es muy común en usos recreativos donde se busca la máxima euforia y las sensaciones fuertes.

Cuando se combinan sustancias que relajan o adormecen (heroína, cannabis, alcohol, tranquilizantes) suele ser para ahorrar, conseguir efectos parecidos gastando menos.

Para **modular los efectos** y mantenerse más tiempo consumiendo. Para ello se mezclan sustancias con propiedades contrarias, como ocurre al mezclar cocaína y heroína fumadas, o alternar el consumo de alcohol con estimulantes (ilícitos como la cocaína o legales como las bebidas energéticas).

En estos casos, existe un alto riesgo de intoxicación y sobredosis, ya que los efectos de una sustancia enmascaran los de la otra, y no se es consciente de las cantidades consumidas.

En el siguiente apartado veremos cómo estas prácticas también se dan con el uso de medicamentos legales.

El abuso de fármacos.

La mayoría de las que hoy consideramos drogas fueron en su día medicamentos útiles para un uso clínico, como ya hemos comentado en los primeros capítulos.

Un factor fundamental en el incremento del consumo de fármacos, tanto con prescripción como sin ella, ha sido y es la baja incorporación de las estrategias de intervención de la psicología clínica en el abordaje de los problemas mentales más comunes.

En todos los países desarrollados, muchas personas que refieren un moderado malestar por causas como ansiedad, síntomas depresivos, insatisfacción, problemas familiares, etc., son tratadas de esos síntomas mediante psicofármacos (los medicamentos que se utilizan en el tratamiento de trastornos mentales) que a menudo toman durante décadas.

Tan solo algunas son derivadas a servicios de atención psicológica -que suelen estar saturados- para promover el cambio en aquellas áreas de su vida que no están equilibradas.

Hay varios grupos de **fármacos** que son, de entrada, más susceptibles de ser utilizados de manera abusiva. Vamos a ver cuáles y por qué:

Tranquilizantes. La "estrella" aquí son las Benzodiazepinas (Valium o Diazepan es el más conocido) que se utilizan para combatir los problemas de ansiedad, aunque también para facilitar el sueño o la relajación muscular.

> Son fármacos muy comunes, con bastante variedad en sus presentaciones y cuyo consumo no provoca rechazo social (como ocurría, por ejemplo, con los barbitúricos que tienen un potente efecto somnífero). **Generan dependencia** física con relativa facilidad y, si se combinan con alcohol, los efectos de ambas sustancias se intensifican.

Analgésicos. Se utilizan para evitar el dolor, y los más conocidos son los Opiáceos (Morfina, Heroína) que tienen **gran facilidad para generar dependencia física** por su alta tolerancia. Sin embargo, hay muchos otros que no tienen porque generar adicción.

Antidepresivos. Se utilizan para mejorar el estado de ánimo en los trastornos depresivos, y **su uso se ha disparado** en los últimos años por distintas razones:

Se han mejorado los principios activos y las dosis, reduciendo los efectos secundarios y consiguiendo variedad.

Son fármacos "bien vistos" tanto por los sanitarios como por la población.

Las farmacéuticas realizan grandes campañas para fomentar su uso.

Muchos profesionales los prescriben al no poder dar otra respuesta a la gran demanda de pacientes con problemas psicológicos.

Estimulantes. Principalmente las Anfetaminas y sus derivados. Su uso como medicamento es mucho menos frecuente que hace unas décadas, cuando se prescribían (incluso sin receta) con varios fines: mejorar la astenia (estado de debilidad), adelgazar, mejorar el rendimiento en los estudios, etc.

> En el mercado ilegal se siguen utilizando, aunque la mayoría de las veces no como fármacos, sino elaboradas en laboratorios clandestinos como *drogas de diseño*.

Dato:

En realidad, el uso inapropiado o abusivo de los medicamentos se ha dado en muchas ocasiones, desde que existen. Precisamente fueron médicos y otros sanitarios (por tener fácil acceso a los botiquines) los primeros que consumieron morfina con un uso no terapéutico, en el siglo XIX.

En nuestros días, la disponibilidad y diversidad de los fármacos son tan altas, y la cantidad de personas que los utilizan es tal, que resulta muy complicado determinar dónde termina el uso terapéutico y dónde empieza el abuso.

Por eso, vamos a establecer en qué situaciones podemos hablar de **uso inapropiado de fármacos**, abuso o incluso farmacodependencia:

Uso de medicamentos en **drogodependientes** (normalmente de sustancias ilegales) que incluyen en su consumo fármacos comunes. El objetivo, en este caso, es variable:

Lo más común es utilizar el fármaco para **paliar el síndrome de abstinencia** cuando no se puede conseguir la sustancia deseada, por ejemplo, heroinómanos que toman tranquilizantes.

También puede utilizarse para **potenciar el efecto** de la droga principal, por ejemplo, potenciar el alcohol con benzodiacepinas.

Para moderar o **modular el efecto** de otra droga, por ejemplo, alternando alcohol con estimulantes, para no llegar a sentir la embriaguez.

Como **intento de desintoxicación** de la sustancia a la que se es adicto, por ejemplo, metadona y somníferos para no consumir heroína.

Adicción a fármacos. Tiene el mismo patrón que el adicto a drogas ilegales: vida centrada en el consumo, con variaciones en el mismo que incluyen fases de intoxicación graves, deterioro del ámbito sociolaboral, etc.

Es menos frecuente en nuestros días, pero lo fue mucho más cuando la prescripción de ciertos fármacos (sobre todo opiáceos y barbitúricos) estaba menos controlada.

Abuso de fármacos. Cuando se inicia un tratamiento farmacológico con un fin terapéutico pero que, bien por problemas psicológicos previos, bien por otros factores personales o sociales, se produce una escalada o descontrol en el consumo de los fármacos, cambio de preparado, mezclas, etc.

Es más frecuente cuando se dan patologías crónicas con síntomas molestos (insomnio, dolor crónico). El límite con el uso terapéutico es difuso y puede haber muchas personas que se encuentren entre uno y otro.

Conclusión:

Los medicamentos cumplen una función fundamental en el tratamiento de las enfermedades mentales, y al igual que ocurre con cualquier otra "herramienta", lo que puede ser perjudicial es su uso inadecuado.

18. Adicciones de hombres y adicciones de mujeres

Desde una perspectiva histórica se podría decir, parafraseando a un antiguo anuncio de bebidas alcohólicas, que *"la adicción, es cosa de hombres"*.

En efecto, la inmensa **mayoría de los consumidores** de drogas en todo el mundo **son hombres**, y así ha sido tradicionalmente. Esto no quiere decir que no haya mujeres consumidoras y que, en determinadas circunstancias puedan ser mayoría. Veamos cuáles son los **factores** que explican esto:

Las **diferencias de género**, en la mayoría de las sociedades, han relegado a la **mujer** a un **papel secundario**, alejado de la experimentación con sustancias adictivas y sin la independencia económica y la autonomía que permiten al hombre acceder a esas experiencias.

Al asentarse como comportamientos propios del hombre, se ve con malos ojos que la mujer pueda llevarlos a cabo. Un ejemplo, que muchos podemos recordar, lo tenemos en esos comentarios del tipo "ver fumar/beber a una mujer está más feo que a un hombre".

El **rol masculino**, además de lo anterior, adolece de estrategias para la **expresión emocional** que sí se le permiten a la mujer: llorar, chillar, desmayarse, etc. Los varones han tenido que buscar otras estrategias de compensación y de descarga emocional, como la violencia y el consumo de drogas.

Estas variables, si bien han ido modificándose, siguen determinando la mayor incidencia en hombres de las nuevas adicciones. Existen importantes **excepciones**, que tienen su explicación:

La identificación de la mujer con la libre expresión de algunas emociones la asocia con determinados problemas mentales (histérica viene del griego "útero"). Cuando el uso de psicofármacos se generalizó, muchas mujeres han sido las pacientes "designadas", a las que medicar de manera crónica, favoreciendo el **abuso de fármacos** entre ellas.

El tradicional confinamiento de la mujer en la casa, expresada en frases populares tales como: *"Bien parece y bien están, el asno en la cuadra y la mujer en el hogar"*, ha limitado el contacto con las drogas, pero ha favorecido un **uso oculto**.

Mientras los hombres van a beber juntos como parte de un ritual social, las mujeres lo hacían a escondidas, buscando "anestesiarse" de sus problemas. Como ya hemos visto, ésta es la mejor fórmula para que se desarrolle la adicción.

Todos los nuevos C.A. asociados con una **obsesión por la estética** y la imagen corporal encuentran un perfecto caldo de cultivo en la exigencia de belleza que la sociedad ejerce sobre las mujeres.

La incidencia de estos problemas en hombres, aunque puedan estar infradiagnosticados, es testimonial, frente a la gran cantidad de chicas y mujeres que desarrollan alguno de estos trastornos, aunque pueda ser de manera episódica, a lo largo de su vida.

Algo parecido ocurre con las **dependencias afectivas**, muy determinadas por el distinto rol de género, en las que las mujeres también son las principales afectadas.

En cuanto a la **adicción a las compras**, no siempre es un problema de mujeres. Se dan estos matices:

La búsqueda de estímulos consumistas (ver escaparates, acompañar a alguien de compras, etc.) es muy superior en mujeres.

La compra impulsiva, sin control del gasto, se da casi por igual en ambos sexos, tan solo ligeramente inferior en los hombres.

El sentimiento de culpa por el gasto en cosas inútiles es algo mayor en los hombres que en las mujeres.

TERCERA PARTE:
ALGUNAS PISTAS
PARA AFRONTAR EL ASUNTO

19. ¿Tengo yo una adicción? Diez ideas para aclararme

Suponemos que quien sabe con certeza que tiene un comportamiento adictivo o un hábito tóxico está dando algún paso para afrontarlo, más allá de leer este libro. No obstante, como vimos en los primeros capítulos, no es ésta una variable con solo dos opciones, de "blanco o negro"; aquí hay muchos grises.

Cualquiera puede vivir una etapa de conflicto y encontrar problemas que no sabe afrontar. De ahí a intentar evadirse de la realidad solo hay un paso. También hay quien experimenta y prueba cosas nuevas, poniendo en riesgo su salud sin ser consciente de ello.

No siempre es fácil saber con claridad en qué momento de mi vida estoy y qué me está pasando. En ocasiones son otras personas las que me ayudan a ser consciente de ello. Además, en los primeros pasos del desarrollo de la adicción, los cambios son aún pequeños y los síntomas más evidentes no aparecen inmediatamente.

Por todo esto vamos a presentar a continuación algunas indicaciones que pueden servir de guía para "aclararse" en este asunto:

Tomo (o hago) más de lo que tenía pensado. Cuando me planteo beber, fumar, comer, jugar o trabajar hasta un límite determinado y lo rebaso, es normal poner una excusa o quitarle importancia. Por eso, cuando ocurre con frecuencia es más probable que no sea consciente ni me dé cuenta, pero es un detalle importante, pues tiene que ver con los límites que yo mismo me impongo.

> Si intento llevar un registro de lo que hago o tomo (tiempo o dinero dedicado, cantidades de sustancia, etc.) lo más probable es que me asombre al ver las cifras, pues en mi interior me autoengaño para no sentirme mal.

Oculto lo que hago. En las primeras etapas, puede que disimule mi comportamiento ante mis padres o educadores. Con el tiempo, también lo oculto a mi pareja, hermanos e incluso a algunos amigos que se preocupan por mí. Es señal inequívoca de que sé que los demás no van a aprobar lo que hago.

> Por desgracia, con el tiempo voy aislándome de los demás, o elijo rodearme de aquellos que no me cuestionan, lo que hace más difícil que tome conciencia de mi problema.

Me ocupa mucho tiempo y/o invierto mucho dinero. Cuando hablamos de adicciones sin sustancias (comportamientos adictivos) es aún más patente que cada vez dedico más tiempo a la actividad que utilizo como droga. Da igual si me conecto a todo lo conectable, me obsesiona comprarme lo último o hago deporte de manera compulsiva, al final termino dedicándole gran parte de mi tiempo casi sin darme cuenta.

En cuanto al derroche de dinero, algunas de las adicciones sin sustancia pueden ser a coste cero (como en las que uso Internet con una tarifa plana) y puede no existir un gasto significativo, pero cuando mi conducta conlleva una inversión, el coste económico puede llegar a ser muy alto, y eso me debería hacer pensar. Comportamientos adictivos como las llamadas a teléfonos eróticos, de adivinación o de contactos suelen salir a la luz por la llegada de enormes facturas telefónicas.

Una consecuencia directa de la dedicación excesiva a un comportamiento adictivo es un **cambio en los hábitos**. En un primer momento, puede parecer lo que ocurre cuando una afición me absorbe tanto que empiezo a dejar de lado otras actividades, relaciones, etc. Sin embargo, con el tiempo, voy dejando de lado temas importantes sin una razón justificada, puede que descuide mi aspecto o mi salud o que asuma riesgos innecesarios.

En cuanto a las relaciones, voy cerrando mi círculo con aquellas personas que "me siguen el juego", que no me cuestionan o que tienen los mismos problemas que yo.

La motivación se vuelve bipolar, **deja de interesarme casi todo, para centrarme en aquello que me "engancha"**. En consecuencia, baja mi rendimiento laboral o académico y pierdo el interés por actividades (deportivas, de tiempo libre, etc.) que me pueden aportar cosas positivas.

Esta interferencia del nuevo hábito con las otras áreas de la vida puede ser más o menos progresiva, pero suele ser un buen "termómetro" de la gravedad de la adicción.

Tanto es así, que en muchos casos nos sirve de clave para determinar cuándo un consumo experimental de sustancias o un hábito determinado comienzan a ser un verdadero problema de dependencia.

Cada vez quiero más. Con la adicción a sustancias parece claro porque la **tolerancia** me obliga a subir la dosis para sentir los efectos, pero no siempre es tan fácil diferenciar un comportamiento adictivo de una etapa de gran interés por un tema concreto, una moda o de un problema puntual que puede remitir espontáneamente. Más aún cuando estos cambios son muy frecuentes entre los adolescentes, sin que supongan un problema de adicción.

Sin embargo, cuando mi cambio de hábitos sigue un curso progresivo, en el que siempre quiero más (más tiempo dedicado, más dinero invertido, más me alejo de mis responsabilidades, etc.) resulta obvio que lo que estoy viviendo es una adicción, independientemente de cuál sea el comportamiento o el hábito que repito.

Algunas personas de mi entorno me han advertido acerca de mi comportamiento. No nos referimos, como decíamos en el punto anterior, a comportamientos puntuales, manías o faltas de responsabilidad, que pueden generar conflictos en el día a día. Hablamos de que me cuestionen hábitos que absorben mi tiempo y mi interés, afectando a distintos aspectos de mi vida y de la de los demás.

Esto suele ocurrir cuando el hábito va a más y se empieza a descontrolar. Por eso, si los demás me cuestionan que estoy comiendo, jugando, comprando o chateando en exceso (por poner algún ejemplo), lo más probable es que lleven toda la razón. Puede ocurrir que unos padres preocupados vean una adicción donde hay un problema puntual, pero no es lo habitual, y tampoco tiene por qué ser un problema. Normalmente, *"cuando el río suena, agua lleva"*.

Me molesta hablar del tema. Está claro que si me cuestionan algo que intento ocultar y en lo que los demás llevan razón, lo más probable es que me sienta incómodo hablando del problema, que intente evitarlo o que me cierre en banda. Es otro mecanismo de defensa de la propia adicción para evitar tener que afrontar la situación.

Sabemos, como norma general, que los conflictos y los problemas se afrontan hablándolos. Por eso, evitar hablar del tema, culpar a los demás del conflicto que se genera al hacerlo o cualquier otra estrategia que yo siga para no afrontar el problema, son razones que confirman la necesidad de hacerlo.

He intentado controlar o reducir. Quizás aún no lo veo como un problema, pero ya he intentado reducir el tiempo que dedico, el dinero que me gasto o las cantidades que consumo. Cuando estoy desarrollando una adicción, éste es un momento crítico, pues es cuando empiezo a tomar conciencia de estar atravesando una frontera invisible entre lo normal y lo patológico, una frontera que solo conocen los que ya la han cruzado.

En los centros de deshabituación es fácil comprobar que todos aquellos que han pedido ayuda para superar una adicción coinciden en esta experiencia, en la sensación de haber perdido, al menos en parte, el control sobre su propio comportamiento.

Esto no quiere decir que sea plenamente consciente de que tengo un problema, pues tengo mil respuestas para acallar esa preocupación o quitarle importancia, pero sí que supone una diferencia entre las personas que tienen un uso experimental de sustancias o comportamientos adictivos y los que están desarrollando una adicción completa.

He pensado alguna vez que lo que hago es un problema. Si el punto anterior marcaba la frontera en cuanto a mi experiencia como adicto, el hecho de pensar por mí mismo que sufro una adicción supone la confirmación de que es así. Descartando las excepciones de algún adolescente desorientado o de alguien que tienda a preocuparse demasiado, cuando uno mismo se plantea la posibilidad de ser un adicto es porque ya resulta imposible negarlo.

Lo más habitual es que nuestros mecanismos de defensa (que normalmente están ahí para protegernos) nos hagan negar o relativizar nuestro problema, culpar a los demás de lo que me pasa, justificar con mil excusas mi comportamiento, etc. Por eso, cuando me doy cuenta de que sí tengo un auténtico problema, éste ya se encuentra bastante avanzado.

20. Pero... ¿se puede salir de esto?

Rotundamente sí, lo que no indica que sea fácil. En realidad, lograr el abandono temporal del consumo o el comportamiento puede ser tan sencillo como volver a él de manera repentina.

> *Frase:*
>
> Gerald Durrell, reconocido naturalista y escritor británico solía afirmar: *"Dejar de fumar es muy fácil, yo lo he hecho muchas veces"*.

La adicción es una enfermedad y por tanto, precisa atención especializada y profesional para su total superación. Más adelante hablaremos de cómo debe ser esta ayuda.

Sin embargo, es frecuente oír hablar de personas que superaron sin ayuda un problema adictivo, e incluso que lo lograron sin ningún esfuerzo. Al igual que puede ocurrir con otros problemas de salud, esta posibilidad es factible, lo que no significa que sea probable.

Vamos a exponer algunas particularidades del proceso de cambio, para entender **de qué depende el éxito o el fracaso** en el intento de recuperación:

No es lo mismo una adicción consolidada que un problema de abuso o uso problemático. Hay muchas personas que experimentan con sustancias o que tienen un uso problemático de las nuevas tecnologías y no todos ellos desarrollarán una adicción.

> El proceso adictivo puede ser largo y complejo, y el abandono del C.A. será más fácil cuanto menos afectada esté la persona. La interferencia en la vida cotidiana que produce un estilo de vida poco equilibrado (de la que hablábamos en la primera parte del libro) es un indicador de lo avanzado que está el problema.

El abuso de sustancias tóxicas o la repetición de un comportamiento adictivo son, por lo general, **síntomas de un problema más profundo,** de conflictos no resueltos. La abstinencia no significa haber superado la adicción.

> En ocasiones se trata de unas "vacaciones", un abandono temporal con fecha de caducidad, que se realiza por razones diversas: cambios en el entorno, intentos de controlar el problema, miedo a ciertas consecuencias, etc. Pero sin un abordaje más profundo, la recaída es casi segura.

> Otras veces, se cambia la sustancia o el comportamiento adictivo (C.A.) preferido por otro. Por ejemplo, se deja la cocaína pero se abusa de alcohol, de manera que se mantiene el problema de fondo.

Como criterio general, al lograr de forma permanente el **abandono de las sustancias** y el **uso adecuado de los comportamientos**, hablamos de que se ha superado la adicción.

Sin embargo, cuando esto se consigue sin un trabajo terapéutico integral, es probable que puedan aparecer otros síntomas sustituyendo a la adicción: problemas del estado de ánimo (como depresión), trastornos de ansiedad, limitación de relaciones o actividades sociales, etc.

El motor para que el cambio se inicie es la **motivación**. A menudo, los adictos pueden querer dejar el hábito por motivaciones externas: presión familiar, problemas económicos o judiciales. Muchas veces, no quieren dejar la adicción, sino evitar las consecuencias negativas.

La motivación externa puede servir para el inicio del cambio, para parar una situación descontrolada, pero a largo plazo es preciso que haya una convicción interna de la necesidad del cambio.

El proceso de recuperación de la adicción supone **superar una serie de objetivos**, que se desarrollan en el apartado de la ayuda profesional.

"No puedes escapar de la necesidad, pero puedes vencerla."
Lucio Séneca, político, filósofo y escritor romano, nacido en el 6 a. de C.

21. ¿Cómo ayudar a quién ya tiene el problema?

La ayuda a una persona con un problema de adicción es compleja de por sí, más aún cuando el propio interesado no la pide. ¿Cómo ayudar a alguien que no quiere la ayuda?

Por otra parte, esa ayuda va a depender de la relación que se tenga con esa persona, si es un familiar, compañero, amigo, etc. Vamos a ver **algunas ideas** de carácter general:

No existe la ayuda 100 % eficaz. Es decir, no hay ninguna forma de asegurarnos que nuestra ayuda va a servir para algo, aunque esto sea más difícil de asumir cuanto más cercana es la persona que tiene el problema.

Sin embargo, no da igual actuar de una forma u otra, como decíamos al hablar de la familia, se puede ser parte del problema, o de la solución.

Cuando el entorno (familia, amigos, educadores) es consciente de que hay un problema, lo más probable es que éste sea más importante de lo que parece.

El abordaje de la situación debe ser lo más claro y directo posible, aunque esto pueda generar más conflicto. Hacer "espionajes" es una forma de no afrontar el problema.

Nadie sabe de antemano cómo debe reaccionar ante el descubrimiento de que su hijo, su pareja o su hermano es un adicto. Vamos a dar unas sencillas pautas, a modo de orientación:

No alarmarse. ¿De qué sirve enfadarse o perder la calma, si el problema ya existe? Siempre es mejor saber lo que pasa, aunque no nos guste. Perder la calma no solo no ayuda, también podemos tomar decisiones precipitadas y equivocadas.

Recoger información. No se puede hacer nada partiendo de conjeturas, hay que hablar (y escuchar) al afectado para saber de qué estamos hablando y cómo le está afectando.

Paralelamente, se puede preguntar en el entorno (educadores, amistades, etc.), o buscar asesoramiento profesional previo al inicio de un tratamiento.

Delimitar el problema. Según sea el tipo de adicción: hacer analíticas, comprobar el gasto y la factura telefónica, etc., para tener algún dato objetivo de la gravedad del problema.

Contemplar la situación en su totalidad. Si es importante el factor cuantitativo (gasto, tiempo empleado, dosis consumidas, etc.), también lo es cómo afecta éste al equilibrio de las demás áreas de la vida.

Cumplimiento de responsabilidades, relaciones sociales positivas, intereses y aficiones propias, buena comunicación, etc., son factores que indican un mejor equilibrio personal y un menor impacto del problema adictivo.

Solicitar ayuda profesional especializada. Dependerá del tipo de problema, lo avanzado que esté, las posibilidades económicas, las preferencias del afectado y/o su familia, etc.

Lo que no parece negociable es la importancia de solicitar asesoramiento y terapia en un centro especializado. En el siguiente capítulo profundizaremos más en este aspecto.

Implicarse en el proceso de cambio. Poner nuestra confianza en manos de un profesional es sin duda un paso necesario, aunque no suficiente.

Puedo dejar mi coche en el taller y recogerlo reparado al día siguiente, pero cuando se trata de un cambio personal, la implicación de los que le rodean es fundamental. Y también la del interesado.

Esto, que parece una obviedad, no siempre se lleva a cabo. El desconocimiento, el miedo o la angustia pueden hacer que se deje toda la responsabilidad al profesional, esperando que sea él quien solucione el problema. Esto, claro está, no ocurrirá.

Reflexión:

Existe una concepción muy negativa de la recuperación de una adicción, como si fuera una enfermedad incurable. Es cierto que todos podemos conocer personas que han intentado recuperarse en innumerables ocasiones sin éxito, incluso personas que se han dejado la vida en el camino.

Sin embargo, también es cierto que esas situaciones son mucho más llamativas y conocidas que las de aquellos que, de manera más silenciosa, han reconstruido su vida. Quizás podemos cruzarnos con ellos por la calle o verlos en el mercado sin sospechar que, hace unos años, sufrían una grave adicción.

22. La ayuda profesional para superar una adicción

En la actualidad, por las razones ya comentadas, la mayoría de los servicios o recursos para el tratamiento de las adicciones están centrados en las toxicomanías.

Poco a poco van surgiendo centros específicos que abordan otro tipo de problemas. Algunos, como la ludopatía, adicción al sexo o los trastornos de la alimentación, ya hace tiempo que se abordan en centros específicos. En otros problemas, como los relacionados con las nuevas tecnologías, el trabajo o el consumo, aún son pocos los afectados que demandan ayuda por lo que también hay menos servicios donde se les atiende.

Normalmente, son los propios centros y profesionales, habituados a trabajar con esta problemática, los que perciben la necesidad de ir adaptándose a los nuevos perfiles de adicción que van llegando.

En cualquier caso, no siempre es fácil saber dónde se puede acudir para solicitar la ayuda o asesoramiento para un problema de adicción.

Cuando detectamos el problema, un primer paso puede ser acudir al centro sanitario o de servicios sociales que corresponda, donde pueden informarnos o incluso derivarnos a algún servicio especializado.

Cada país o región pueden tener una realidad diferente en cuanto a la atención a adicciones, con servicios y recursos diversos (públicos o privados), cada cual con sus particularidades y su propia personalidad.

Pasamos a considerar, sin entrar en detalles, cuáles son estas fórmulas y cuándo pueden ser de utilidad:

Grupos y comunidades terapéuticas guiadas por adictos que se han rehabilitado. Las hay de muy diferente signo: inspiradas por movimientos religiosos, grupos de autoayuda con y sin colaboración de profesionales, comunidades en entornos rurales, etc.

> Su fortaleza es la **fuerte identificación** de sus miembros y el apoyo que de ellos se recibe. Sus carencias son la **falta de rigor y de conocimientos técnicos**, y una cierta tendencia a mantenerse en el grupo en lugar de buscar la autonomía personal.

Servicios y clínicas de atención médica y/o psiquiátrica. Pueden ser públicos o privados, siendo su prioridad la atención de la adicción como problema mental y el tratamiento farmacológico.

> Tienen la ventaja de realizar un **diagnóstico y tratamiento más rigurosos**, además de contar con un buen

uso de los fármacos, necesarios cuando coexisten otros problemas psicológicos. Como limitación, **no favorecen tanto la identificación** y cohesión grupal y, en ocasiones, la atención psicológica pasa a un segundo plano.

Las consultas y centros de tratamiento profesionales. Tienen el enfoque de la psicología clínica, aunque pueden integrar profesionales médicos, psicólogos, educadores, etc. Combinan el seguimiento farmacológico (cuando es preciso) con terapias individuales y/o grupales, teniendo como objetivo la reincorporación a la sociedad.

Su virtud es **integrar el tratamiento profesional con el apoyo al proceso personal,** lo que permite una mejor adaptación a diferentes problemas. Su limitación varía en función del tamaño: las consultas pequeñas tienen pocos medios para tratamientos intensivos, mientras que los centros más grandes **requieren muchos medios materiales** y un equipo profesional muy completo.

Los tratamientos específicos para adicciones se pueden encontrar tanto en centros públicos, como privados o concertados (privados con apoyo económico público), dependiendo de la red que exista. Peo lo más importante es que cuente con **profesionales especializados**, que tengan experiencia y formación en adicciones.

En cuanto al proceso de recuperación, puede variar según el tipo de adicción, lo avanzado que esté el problema, la situación familiar y de relaciones sociales, la presencia de otros trastornos psicológicos, incluso del tipo de tratamiento que se inicie.

De manera general, se puede decir que el camino para superar un comportamiento adictivo precisa la superación de unas etapas diferenciadas. No son del todo independientes y pueden irse solapando, pero sí que tienen sus propios objetivos. Estas fases son:

Desintoxicación: se refiere normalmente a las adicciones químicas. Es el **proceso de "limpieza"** del organismo, manteniendo la abstinencia. En algunas dependencias sin sustancia puede ser necesario también un alejamiento de los estímulos que las desencadenan (dinero, teléfonos, Internet, etc.), aunque sea de manera parcial o temporal.

Deshabituación: se trata de un **cambio de hábitos**, de reestructurar el estilo de vida con pautas de vida sana y equilibrada.

El descanso, la alimentación, el desempeño de responsabilidades o la comunicación pueden ser ejemplos de áreas a retomar, aunque dependerá de la persona y sus necesidades particulares.

Rehabilitación: es "volver a ser hábil", **volver a funcionar**. El cambio de hábitos no es suficiente, también deben recuperarse aquellas habilidades o actitudes que no estaban funcionando.

Las habilidades sociales, el autocontrol, la capacidad de pedir ayuda o de expresar y canalizar las propias emociones, suelen ser aspectos prioritarios a recuperar.

Reinserción socio laboral: la puesta en práctica de todo lo anterior, en el día a día (trabajo, estudios, amistades, tiempo libre, etc.) y "sin red". Es decir, una **vuelta a la normalidad** pero con el objetivo de mantener el equilibrio logrado durante el tratamiento.

No se puede establecer una duración exacta para cada fase o el proceso completo. En general, se considera que la duración de la rehabilitación no debe ser menor de un año, incluyendo un periodo de seguimiento para verificar los cambios logrados.

Las promesas de curaciones rápidas, vacunas milagrosas o medicamentos que aseguran el éxito deben considerarse, cuando menos, sospechosas.

Los avances farmacológicos pueden ser de gran ayuda para facilitar la rehabilitación, al igual que las terapias y técnicas alternativas como acupuntura, yoga, flores de Bach, la práctica de meditación y relajación, etc.

Sin embargo, ningún fármaco, terapia o método de desintoxicación puede asegurar un cambio que depende, en última instancia de la decisión personal de querer rehabilitarse. Otra cosa es soñar que fuera así, por el sufrimiento que podría evitarse.

El fin último de todo proceso terapéutico debería ser el de lograr el equilibrio de la persona (en todas sus facetas) desde una sana autonomía.

> *"Aprender nuevos hábitos significa todo; la vida no es más que un tejido de hábitos." Henri Frederic Amiel, filósofo y escritor suizo del siglo XIX.*

23. La prevención

La prevención de las adicciones participa del célebre dicho *"Sólo se acuerda de Santa Bárbara cuando truena"*.

A pesar de la alta efectividad de las actividades preventivas, su desarrollo pocas veces es una auténtica prioridad institucional. Puede depender de la sensibilidad del responsable, o de la disponibilidad de fondos, una vez cubiertas otras necesidades que se consideren más urgentes.

La mejor prevención, tanto de las adicciones como de otros problemas psicológicos, es que los niños y adolescentes se desarrollen de forma sana y equilibrada, en un contexto donde los adultos les aporten los límites que les ayuden a estructurarse y afecto que les apoye.

En prevención no sirve.

Meter miedo: se hacen cambios rápidos, pero que duran muy poco. Cuando el miedo baja de intensidad, se pierde la motivación.

Quitar importancia, normalizar: a veces se quiere llegar a los jóvenes siendo un poco como ellos, utilizando su lenguaje o queriendo caerles bien, lo cual no sirve de nada. Si además se le quita importancia a lo que la tiene, puede ser perjudicial.

Dar órdenes o consejos: no aporta nada que sea útil para ellos, y puede ser una invitación a la desobediencia.

¿Informar o no informar?

A menudo se ha identificado la prevención de drogas con el hecho de informar sobre ellas. Se hacían diapositivas y pósters explicando las distintas sustancias y sus efectos y se impartían charlas en colegios, y a veces un ex-toxicómano contaba su experiencia.

Hoy día sabemos que muchas de esas acciones han podido ser contraproducentes, alimentando la curiosidad de los chicos o mostrándoles un modelo que imitar, cuando se pretendía lo contrario.

Ahora se entiende que la **información** solo es una pieza dentro de las estrategias de prevención, y que debe ajustarse a una serie de criterios **para que sea útil**. Estos son:

Realista: si se exageran los perjuicios o se oculta parte de la verdad, solo se conseguirá que se le de más crédito a otras fuentes.

Adaptada a sus necesidades: hay que contar lo que ellos necesitan saber, ni más ni menos. Es fundamental evaluar que información, opinión y expectativas tiene un determinado grupo para determinar qué debe tratarse y que no.

Clara y asequible: la información técnica, demasiado extensa o compleja (por ejemplo datos estadísticos) difícilmente captará la atención de los jóvenes, y si lo hace, será difícil que la recuerden.

Firme: los mensajes deben ser, además de claros, inequívocos en su contenido. Hay ciertos mensajes, los claves, que deben trasmitirse con autoridad, sin rodeos. Por ejemplo, cuando se detecta una creencia errónea se debe aclarar sin titubeos.

Coherente: "los niños ven, los niños hacen", decía un eslogan de un anuncio sobre educación. Es inútil comunicar una norma o prohibición si no la cumplen los adultos, por lo que es mejor seleccionar los mensajes y trasmitirlos con coherencia.

Referentes: los interlocutores indicados para dar información son los más cercanos para los destinatarios. Los profesores o educadores en la escuela, los sanitarios en los centros de salud, los entrenadores en los equipos deportivos, etc. Las personas externas pueden distraer por su novedad, y aunque capte más la atención, es más difícil que sepa llegar a quien no conoce.

Estrategias.

Lo fundamental en la prevención es capacitar al niño o joven para afrontar las situaciones que pueden ser de riesgo.

Eso implica que ponga en práctica una serie de **competencias** personales:

Toma de decisiones: especialmente ante conflictos con los iguales o ante un problema nuevo.

Gestión emocional: saber cómo manejar los sentimientos que hacen más difícil afrontar los conflictos: ira, rabia, miedo, inseguridad, etc.

Habilidades sociales: especialmente la asertividad, que es la capacidad de hacer valer sus derechos sin invadir los de los demás. Saber decir que no, evitar un enfrentamiento violento o no dejarse arrastrar por los demás son buenas formas de prevenir.

Habilidades de comunicación: se trata de saber pedir ayuda, expresar un malestar o una preocupación, y saber cuándo y con quién hacerlo.

Otra de las estrategias tiene que ver con la búsqueda de **referentes positivos**. Los mensajes de los adultos llegan solo en parte porque los jóvenes buscan referentes más parecidos a ellos.

Es fundamental que encuentren modelos adecuados de su edad, que lleven vida sana, no consuman drogas, etc. De esta manera, la posible presión negativa de otros compañeros será menos impactante que si se encuentran solos.

Desde la prevención también se pueden trabajar **otras áreas**, como el uso adecuado del **tiempo libre**, el refuerzo de la **autoestima**, la **actividad física** o el abordaje de otros aspectos que puedan apoyar el **desarrollo positivo** de los adolescentes.

Glosario de términos

Se recogen aquí algunos de los conceptos que se nombran en los capítulos anteriores, así como las definiciones de algunas sustancias y su nombre coloquial

Absentismo laboral. Faltar al trabajo sin causa justificada.

Agonista. Sustancia con efectos similares a los de otra, que al administrarse a la vez pueden potenciarse o desplazar una a la otra.

Alucinógenos. Grupo de drogas que producen alteraciones de la percepción y alucinaciones, que pueden ser visuales, auditivas y táctiles.

Ambivalencia. Estado de ánimo, transitorio o permanente, en el que coexisten dos emociones o sentimientos opuestos, como el amor y el odio.

Antagonista. Sustancia con efectos contrarios a los de otra. Es lo opuesto a agonista.

Anabolizantes. Productos químicos que aceleran los procesos del metabolismo. Ejemplo: los esteroides que utilizan algunos culturistas para potenciar rápidamente la musculación.

Anfetaminas. Grupo de fármacos que actúan como estimulantes del sistema nervioso central.

Barbitúricos. Fármacos depresores del sistema nervioso central, con efecto hipnótico (inductores del sueño).

Bipolar. Algo que tiene dos polos o extremos. El trastorno bipolar se engloba dentro de los trastornos del estado de ánimo, y se caracteriza por episodios depresivos que se alternan con otros de euforia.

Caballo. Nombre que se le da a la heroína en algunos lugares.

Cannabis. Planta de la marihuana (Cannabis Sativa), cuyo principio activo más importante es el THC, y de la que se utilizan las hojas y se extrae el hachis.

Ciclotimia. Trastorno del estado de ánimo, considerado una forma menor de Trastorno Bipolar, que alterna fases depresivas con estados de ánimo eufórico.

Ciberbullying. Es el acoso de un compañero escolar a través de las redes sociales u otros canales de comunicación online.

CIE-10. Nombre que recibe la "Clasificación Internacional de la enfermedades" que edita la Organización Mundial de la Salud (OMS).

Cocaína. Nombre que recibe el Clorhidrato de cocaína, que se obtiene mezclando hojas la planta de la coca con diversos productos químicos.

Crack. Subproducto de la cocaína, muy tóxico, que se consume normalmente aspirando el humo que desprende al calentarse.

Dependencia física. Fuerte deseo de consumo de la droga a causa de las desagradables sensaciones físicas causadas al suspender su administración.

Dependencia psicológica. Búsqueda de la sustancia o conducta adictiva por las sensaciones gratificantes que genera.

Depresores del Sistema Nervioso Central (S.N.C.). Grupo de fármacos y otras sustancias que actúan reduciendo la activación del cerebro, como los tranquilizantes y los analgésicos.

Deshabituación. Proceso que consiste en el cambio de hábitos del adicto, dejando el consumo o comportamiento adictivo y lo que le rodea: personas, lugares, costumbres, etc.

Desintoxicación. Proceso por el cual el organismo se libera de las sustancias tóxicas que ha acumulado.

Disfunción eréctil. Problema que tiene el hombre para conseguir o mantener la erección. Pueden padecerla los vigoréxicos por el uso de anabolizantes.

DSM-IV-TR. El "Manual diagnóstico de los trastornos mentales" que edita la "American Psyquiatric Association", que recoge los criterios que se utilizan para describir las enfermedades mentales.

Estimulantes del Sistema Nervioso Central (S.N.C.). Aquellas sustancias con efectos activadores a nivel cerebral. Ejemplos: cocaína, anfetaminas y sus derivados.

Farlopa. Nombre vulgar que se le da a la cocaína en algunos ambientes.

Grooming. Es el acoso sexual de un adulto hacia un menor a través de la red.

Heroína. Opiáceo con potente efecto depresor y alta tolerancia, por lo que genera dependencia física muy rápidamente. Fue concebida como medicamento, pero su uso se prohibió posteriormente, siendo una de las drogas ilegales más consumidas a nivel mundial.

Inhalantes. Sustancias volátiles (que pasan rápidamente a estado gaseoso) y que al ser inhaladas tienen efectos muy tóxicos, similares a una borrachera de alcohol.

Intoxicación. Ingesta abusiva o sobredosis de cualquier sustancia, dañando o alterando el estado físico y la salud. La gravedad de la intoxicación dependerá de múltiples factores: el tipo de sustancia, su pureza, la cantidad y vía de administración, el estado físico del consumidor, etc.

Ketamina. Anestésico de uso veterinario que es utilizado por toxicómanos por su efecto similar a los alucinógenos.

LSD (Ácido lisérgico). Se trata de una droga alucinógena muy difundida, cuyos efectos varían mucho de una persona a otra, y que se utiliza en la elaboración de algunas drogas de diseño.

Marihuana. Nombre que reciben las hojas del Cannabis Sativa, que pueden ser fumadas, y cuya sustancia activa principal es el THC.

Metadona. Fármaco con efectos similares a los opiáceos naturales, utilizada como sustitutivo de la heroína.

Mono. Nombre por el que vulgarmente se conoce el síndrome de abstinencia de las drogas, que engloba síntomas físicos y psicológicos.

Nomofobia. Del inglés "no-mobile-phone phobia", se refiere a una preocupación o miedo excesivos a estar sin su teléfono móvil.

Oniomanía. Nombre que recibe la adicción a las compras.

Opiáceos. Fármacos y productos que se extraen del Opio, que actúan como depresores del S.N.C., provocando sedación, analgesia, somnolencia, etc. Se usan para el tratamiento del dolor, como antitusígeno (para la tos), aunque algunos solo existen en el mercado negro. Algunos de los más conocidos son: heroína, morfina y codeína.

Paco. Nombre que se le da en Argentina a la pasta base de cocaína, un subproducto de la elaboración del clorhidrato de cocaína, la que se utiliza para esnifar.

Placebo. Sustancia que, careciendo por sí misma de acción terapéutica, produce algún efecto curativo en el enfermo, si este la recibe convencido de que esa sustancia posee realmente tal acción.

Polvo de ángel (PCP). Nombre vulgar de la Feniciclidina, potente analgésico y anestésico que nunca se usó en humanos por sus efectos secundarios. Es una droga de diseño ilegal con efectos similares a las anfetaminas y los alucinógenos, en función de la dosis.

Presentismo laboral. Estar muchas horas en el puesto de trabajo, superando incluso lo que demanda la empresa.

Psicoactivo. Que tiene efectos en las funciones psíquicas: atención, memoria, razonamiento, etc.

Psicofármacos. Los medicamentos que se utilizan en los tratamientos de los trastornos mentales y problemas psicológicos.

Psicotrópicos. Sustancia que produce efectos psicoactivos intensos, cambiando la forma de actuar de quien la consume.

Rehabilitación. Proceso por el que se supera el problema de adicción, recuperando una vida normalizada y satisfactoria.

Sedentarismo. Estilo de vida pasivo o con poca actividad.

Smartphones. Teléfonos móviles de última generación, también llamados inteligentes, que tienen acceso a Internet y numerosas aplicaciones.

Speed. Anfetamina que se elabora en laboratorios clandestinos, como otras drogas de diseño.

TCA (Trastornos de la Conducta Alimentaria). Son aquellos que se caracterizan por una especial preocupación por el aspecto físico y mantienen una relación patológica con la comida.

TIC's. Siglas de "Tecnologías de la información y la comunicación".

TOC. Trastorno Obsesivo Compulsivo. Es un trastorno de ansiedad, que se caracteriza por la aparición de pensamientos recurrentes que generan malestar y preocupación, y la ejecución de conductas repetitivas, llamadas compulsiones, dirigidas a reducir la ansiedad.

Trastorno Bipolar. Enfermedad mental grave, tendente a hacerse crónica, que se caracteriza por atravesar fases de depresión y de manía, con riesgo de suicidio.

Vigorexia. Trastorno de la imagen corporal, llamado también Dismorfia muscular, que se caracteriza porque quien lo padece se ve demasiado delgado y débil aunque tenga un buen desarrollo muscular.

Sitios web de interés

El volumen de información que podemos encontrar en Internet cuando buscamos algo puede suponer en ocasiones una dificultad, más que una ayuda.

La fiabilidad y actualidad de los datos que obtengamos, así como su vigencia en nuestra región, son criterios que debemos cuidar. A menudo las informaciones más recientes resultan más difíciles de contrastar.

La recomendación general es buscar en webs institucionales de entidades públicas, especialmente de orden científico o académico: universidades, centros de estudios y comisiones o equipos técnicos dependientes de gobiernos nacionales y locales.

Vamos a mencionar algunas direcciones útiles, sin ánimo de ser exhaustivos, con la idea de orientar la posible búsqueda de información y/o recursos, tanto para el no iniciado como para el profesional.

Las webs que ofrecen ayuda online para adicciones son un instrumento más, pero no deben sustituir al tratamiento terapéutico con profesionales.

Las páginas incluidas se refieren a las adicciones en general o las toxicomanías, aunque algunas sí se centran específicamente en nuevas adicciones. No incluiremos enlaces que, aunque actuales o atractivos, no tengan el suficiente rigor, o las entidades que los ofrecen no presentan suficiente estabilidad para que el recurso se mantenga en el futuro.

No siguen un orden estricto, aunque sí empezamos por las más completas, formales o rigurosas.

Web Oficial de la **Organización Mundial de la Salud**, versión en castellano. Se pueden consultar numerosos estudios y estadísticas socio-sanitarias de todo el mundo, incluidos los relacionados con adicciones y factores de riesgo y protección. http://www.who.int/es/

Sociedad científica dedicada al estudio de las adicciones, con publicaciones propias, en su mayoría dirigidas a profesionales. http://www.socidrogalcohol.org/

> Muy interesante su revista "**Adicciones**", con versión online de libre consulta. Su enlace directo es: http://www.adicciones.es/

Portal específico sobre **psiquiatría**, que aborda temas de adicciones, dirigida a profesionales de la psicología y la salud mental. http://www.psiquiatria.com/areas/adicciones/

Federación Latinoamericana de Comunidades Terapéuticas (FLACT). Engloba a los distintos centros de tratamiento de adicciones de Latinoamérica, con internamiento terapéutico. http://www.flact.org/

Fundación de Ayuda contra la Drogadicción. Entidad privada sin ánimo de lucro ni afiliación política o religiosa.

Información acerca de sustancias, recursos terapéuticos, prevención, etc. http://www.fad.es

Es una entidad privada dedicada a investigación y la formación en temas de psicología, sociedad y salud. Incluye documentos, dirigidos a usuarios y profesionales, sobre el uso de las nuevas tecnologías, adicción a compras, consumo responsable, etc. http://www.psicosociales.com/consumo.htm

Asociación Española de Estudio en Drogodependencias. http://www.aesed.com/

"Nacional Institute on Drug Abuse" (NIDA) dem EE.UU. Información para profesionales, y documentos didácticos dirigidos al público general. http://www.drugabuse.gov/

> Existe una versión en castellano, aunque no permite el acceso a todos los contenidos: http://www.drugabuse.gov/es/inicio

Plan Nacional Sobre Drogas del Gobierno de España. http://www.msc.es/pnd

Centro Argentino de Prevención Laboral en Adicciones (CAPLA). http://www.trabajosindrogas.com.ar/

Comisión Nacional Contra las Adicciones. Gobierno Federal (México). http://www.conadic.gob.mx/

Dirección General de Salud Mental y Adicciones. Ministerio de Salud de la República Argentina. http://www.msal.gov.ar/saludmental/

Buscador de información científica en el ámbito de la psicología, dirigido a profesionales. http://www.psicoevidencias.es/

Portal de **adicción a Internet** (en inglés) dedicado a la información y asesoramiento en este problema y otros relacionados:

compras compulsivas en la red, sexo online, etc. Su impulsora es la Dra. Kimberly Young, investigadora de la adicción a Internet. http://netaddiction.com/

Pantallas Amigas. Es una iniciativa que promueve el uso seguro y saludable de las nuevas tecnologías, fomentando la responsabilidad en la infancia y la adolescencia. http://pantallasamigas.net

Anexos

En este apartado vamos a enumerar los criterios comúnmente aceptados para el diagnóstico del Abuso de Sustancias y de la Dependencia de sustancias, tal y como hoy se describen.

También incluiremos algunos tests y cuestionarios que se utilizan para evaluar si se padece un trastorno adictivo o hay riesgo de desarrollarlo. Estas pruebas, cumplimentadas de manera aislada, son meramente orientativas.

En cualquier caso, no se pretende sustituir la evaluación psicológica llevada a cabo por profesionales, que es la única manera de valorar todos los aspectos relacionados con la adicción y con otros problemas de salud mental.

<u>ANEXO I</u>

El DSM-IV-TR es el "Manual diagnóstico de los trastornos mentales", que edita la American Psyquiatric Association. Se trata de un catálogo de las enfermedades mentales, que incluye los criterios de diagnóstico.

Está próxima la publicación de la nueva edición, el DSM V, en el que abre un poco más el reconocimiento de las adicciones sin sustancia, al considerar que la adicción a Internet puede serlo.

Incluimos la descripción de los "Trastornos relacionados con sustancias" (abuso y dependencia) del DSM-IV-TR, aún vigente:

Criterios para la dependencia de sustancias

Un patrón desadaptativo de consumo de la sustancia que conlleva un deterioro o malestar clínicamente significativo, expresado por tres (o más) de los ítems siguientes en algún momento de un período continuado de 12 meses:

1. Tolerancia, definida por cualquiera de los siguientes items:

(a) una necesidad de cantidades marcadamente crecientes de la sustancia para conseguir la intoxicación o el efecto deseado.

(b) el efecto de las mismas cantidades de sustancia disminuye claramente con su consumo continuado.

2. Abstinencia, definida por cualquiera de los siguientes items:

(a) el síndrome de abstinencia característico para la sustancia (v. Criterios A y B de los criterios diagnósticos para la abstinencia de sustancias específicas).

(b) se toma la misma sustancia (o una muy parecida) para aliviar o evitar los síntomas de abstinencia.

3. La sustancia es tomada con frecuencia en cantidades mayores o durante un período más largo de lo que inicialmente se pretendía.

4. Existe un deseo persistente o esfuerzos infructuosos de controlar o interrumpir el consumo de la sustancia.

5. Se emplea mucho tiempo en actividades relacionadas con la obtención de la sustancia (p. ej., visitar a varios médicos o desplazarse largas distancias), en el consumo de la sustancia (p. ej., fumar un pitillo tras otro) o en la recuperación de los efectos de la sustancia.

6. Reducción de importantes actividades sociales, laborales o recreativas debido al consumo de la sustancia.

7. Se continúa tomando la sustancia a pesar de tener conciencia de problemas psicológicos o físicos recidivantes o persistentes, que parecen causados o exacerbados por el consumo de la sustancia (p. ej., consumo de la cocaína a pesar de saber que provoca depresión, o continuada ingesta de alcohol a pesar de que empeora una úlcera).

ANEXO II

DSM-IV-TR: Criterios para el abuso de sustancias.

A. Un patrón desadaptativo de consumo de sustancias que conlleva un deterioro o malestar clínicamente significativos, expresado por uno (o más) de los items siguientes durante un período de 12 meses:

1. Consumo recurrente de sustancias, que da lugar al incumplimiento de obligaciones en el trabajo, la escuela o en casa (p. ej., ausencias repetidas o rendimiento pobre relacionados con el consumo de sustancias; ausencias, suspensiones o expulsiones de la escuela relacionadas con la sustancia; descuido de los niños o de las obligaciones de la casa).

2. Consumo recurrente de la sustancia en situaciones en las que hacerlo es físicamente peligroso (p. ej., conducir un automóvil o accionar una máquina bajo los efectos de la sustancia).

3. Problemas legales repetidos relacionados con la sustancia (p. ej., arrestos por comportamiento escandaloso debido a la sustancia).

4. Consumo continuado de la sustancia, a pesar de tener problemas sociales continuos o recurrentes o problemas interpersonales causados o exacerbados por los efectos de la sustancia

(p. ej., discusiones con la esposa acerca de las consecuencias de la intoxicación, o violencia física).

B. Los síntomas no han cumplido nunca los criterios para la dependencia de sustancias de esta clase de sustancia.

ANEXO III

Cuestionario breve de juego patológico.

Como su nombre indica, se trata de un cuestionario autoaplicado muy breve y fácil de realizar, solo cuatro preguntas contestando "SÍ" o "NO".

Indaga si existe algún indicio de adicción al juego en general, sin especificar el tipo de juego.

Cuestionario breve de juego patológico (Fernández-Montalvo y Echeburúa, 1997).

¿Cree usted que tiene o ha tenido alguna vez problemas con el juego?

¿Se ha sentido alguna vez culpable por jugar o por lo que le ocurre cuando juega?

¿Ha intentado alguna vez dejar de jugar y no ha sido capaz de ello?

¿Ha cogido alguna vez dinero de casa para jugar o pagar deudas?

Evaluación: dos o más respuestas afirmativas indica probable jugador patológico.

ANEXO IV

Test de adicción a la comida.

Cuestionario de cinco preguntas con dos alternativas (afirmativa o negativa), que se centra en los aspectos de falta de control y sentimiento de culpabilidad de las personas que comen compulsivamente.

Test de adicción a la comida. (Echeburúa, 1999).

1.-¿Tiene usted habitualmente problemas de descontrol con las comidas (atracones, comidas inadecuadas fuera de hora, etc.)?

2.-¿Se suele sentir culpable después del atracón por haber sido incapaz de controlarse?

3.-¿Ha intentado alguna vez regularizar sus hábitos de comida por sí mismo y no ha sido capaz de ello?

4.-¿Piensa frecuentemente en alimentos al realizar actividades que no tienen nada que ver con la comida?

5.-¿Come a escondidas o intenta ocultar lo que ha comido para evitar reprimendas de la familia?

Evaluación: dos o más respuestas afirmativas indican probable adicción a la comida.

ANEXO V

Criterios diagnósticos de Adicción a Internet propuestos por la Dra. K. Young. Son precisos cumplir cinco de los ocho para determinar que existe la adicción a Internet.

Sentimiento de preocupación por Internet (piensa acerca de anteriores o futuras actividades en línea).

Siente la necesidad de aumentar la cantidad de tiempo usando Internet para alcanzar satisfacción.

Ha realizado esfuerzos repetidos sin éxito para controlar, disminuir o detener el uso de Internet.

Se ha sentido inquieto, malhumorado, deprimido o irritable en sus intentos de parar o detener el uso de Internet.

Ha estado más tiempo del que pretendía en Internet.

Ha estado en riesgo de perder alguna relación importante, un trabajo o una oportunidad de educación debido a Internet.

Ha mentido a miembros de su familia, al terapeuta o a otros para ocultar la importante relación con Internet.

Usa Internet como camino para escapar de problemas o para aliviar un disgusto (sentimientos de impotencia, ansiedad, depresión o culpa).

ANEXO VI Test de adicción a Internet de McOrman.

Test con nueve items, de respuesta afirmativa o negativa, diferencia tres grupos de usuarios de Internet: de 7 a 9 respuestas afirmativas: "uso problemático de Internet", de 4 a 6 "situación de riesgo" y de 0 a 3 "sin problemas".

Test de adicción a Internet de McOrman, 1996.

1.-¿Dedicas más tiempo del que crees que deberías a estar conectado a la Red con objetivos distintos a los de tu trabajo?

2.-¿Piensas que te sentirías mal si redujeras el tiempo que pasas en Internet?

3.-¿Se han quejado tus familiares de las horas que dedicas a Internet?

4.-¿Te resulta duro permanecer alejado de la Red varios días seguidos?

5.-¿Se resienten tus relaciones por estar conectado a la Red?

6.-¿Existen contenidos o servicios de la Red a los que encuentras difícil resistirte?

7.-¿Tienes problemas para controlar el impulso de conectarte a la Red?

8.-¿Has intentado, sin éxito, reducir su uso?

9.-¿Obtienes gran parte de tu bienestar del hecho de estar conectado a la Red?

Bibliografía

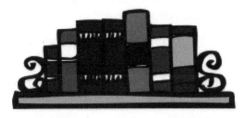

Antes de incluir la lista de materiales y publicaciones consultados expresamente para la redacción de este libro, quisiera advertir de la posibilidad de se eche en falta alguna.

El hecho de citar en este libro ejemplos, explicaciones o referencias acumuladas en años de formación, trabajo en equipo y experiencia personal, puede provocar un fallo de la memoria y omitir, de forma involuntaria, la referencia de donde procede. Pido disculpas si finalmente se diera el caso.

Aguinaga, M., Fernández, L.J. y Varo, J.R. (2000). Trastornos de la conducta alimentaria. Revisión y actualización. *Anales del Sistema Sanitario de Navarra, Vol. 3, Nº 2.*

Andreu, J.M. (2011). El incremento de conductas violentas en los jóvenes. *Proyecto Hombre, Nº 75.*

Becoña, E. (1996). La ludopatía. Madrid: Aguilar.

Becoña, E. (2006). *Adicción a nuevas tecnologías.* La Coruña: Nova Galicia Edicións.

Bolinches, A. (2011). *Peter Pan puede crecer. El viaje del hombre hacia su madurez.* Ed. Debolsillo.

Castañeda Aguilera, E. (2010). Adicción al trabajo (workalholism). Patología psicosocial del siglo XXI. *Salud de los Trabajadores (Maracay), Volumen 18 Nº 1, Enero-Junio 2010.*

Castelló Blasco, J. (2005). *Dependencia emocional: características y tratamiento.* Alianza editorial.

Corominas, J. (1983). Breve diccionario etimológico de la lengua castellana. Ed. Gredos.

Cortés, M. y Piñeroa, A. (2011). Adolescencia e internet: del uso provechoso al uso problemático. *Proyecto Hombre, Nº 75.*

Echeburúa, E. (1999). *¿Adicciones sin drogas? Las nuevas adicciones (juego, sexo, comida, compras, trabajo, Internet).* Bilbao: Desclée de Brouwer.

Echeburúa, E., Requesens, A. (2012). *Adicción a las redes sociales y nuevas tecnologías en niños y adolescentes. Guía para educadores.* Madrid: Pirámide.

Estévez, L., Bayón, C., Cruz, J., y Fernández-Liria, A. (2009). Uso y abuso de Internet en adolescentes. En Echeburúa, E., Labrador, F.J. y Becoña, E., (coords.), *Adicciones a las nuevas tecnologías en adolescentes y jóvenes.* Madrid: Pirámide.

Fernández-Montalvo, J. y Echeburúa, E. (1997). *Manual práctico de juego patológico. Ayuda para el paciente y guía para el terapeuta.* Madrid: Pirámide.

Fidalgo, M., Salanova, M., del Líbano, M. et alter (2007). *La adicción al trabajo.* Notas técnicas de prevención. Instituto nacional de seguridad e higiene en el trabajo.

Gandolfo, S. (2011). Adicción a las Relaciones y Codependencia en Mujeres. *Psicologia.com.* (En red). Disponible en: http://hdl.handle.net/10401/3150

Garcés Prieto, J. (1999). *La adicción al consumo. Autocontrol y responsabilidad en la compra y en el gasto. Manual de información y autoayuda.* (En red).
Disponible en http://www.psicosociales.com/consumo.htm

Garcés Prieto, J. y Herrerón Silvestre, L.F. (Coords.). (1999). Informe final del programa europeo sobre prevención y tratamiento de la adicción al consumo y sobreendeudamiento. (En red).
Disponible en http://www.psicosociales.com/estudio_europeo.pdf

García Gómez, M. y Toledo Romero, F. (2005). *Nuevas adicciones: anorexia, bulimia y vigorexia.* (En red). Colegio oficial de farmacéuticos de Murcia.

López Vega, D.J. (2004). *Relaciones humanas y psicoterapia.* CESJE Proyecto Hombre.

Labrador, F.J. y Villadangos, S. (2009). Adicciones a nuevas tecnologías en adolescentes y jóvenes. En Echeburúa, E., Labrador, F.J. y Becoña, E., (coords.), *Adicciones a las nuevas tecnologías en adolescentes y jóvenes.* Madrid: Pirámide.

Moliner, R. (2011). Comorbilidad entre los trastornos de la conducta alimentaria y los trastornos de personalidad. *Proyecto Hombre, Nº 75.*

Muñoz, M., Fernández, L. y Gámez, M. (2009). Adicción y abuso del teléfono móvil. En Echeburúa, E., Labrador, F.J. y Becoña, E., (coords.), *Adicciones a las nuevas tecnologías en adolescentes y jóvenes.* Madrid: Pirámide.

National Institute on Drug Abuse. (2008). Las drogas, el cerebro y el comportamiento: La ciencia de la adicción. (En red). Disponible en: http://www.drugabuse.gov/es/publicaciones

Navarro Mancilla, A. A. y Rueda Jaimes, G. E. (2007). Adicción a Internet: revisión crítica de la literatura. *Revista colombiana de psiquiatría, año/vol. XXXVI, número 004.* Asociación Colombiana de Psiquiatría. pp. 691-700

Pozo Irribarría, J., Pérez Gómez, L. y Ferreras Oleffe, M. (Coords.). (2009). *Adicciones a las nuevas tecnologías de la información y la comunicación. Perspectivas de uso y tratamiento.* Consejería de Salud, Gobierno de la Rioja.

Rodríguez Molina, J.M. (2007). Vigorexia: adicción, obsesión o dismorfia; un intento de aproximación. *Salud y drogas, año/vol. 7, N° 002.* Instituto de Investigación de Drogodependencias. Alicante. pp. 289-308.

Roig-Traver, A. (1995). *Las anfetaminas. Las drogas de diseño. La dependencia de medicamentos.* Instituto de Investigación en Ciencias Sociales (ACIPAIS). Málaga.

Sánchez Zaldívar, S. e Iruarrizaga Díez, I. (2009). Nuevas dimensiones, nuevas adicciones: la adicción al sexo en Internet. *Psychosocial Intervention, vol. 18, núm. 3.* Colegio Oficial de Psicólogos de Madrid. pp. 255-268.

Agradecimientos

Este es el resultado de lo que considero una rica experiencia de compartir y de aprender; de vivir. Por eso, quiero dar mi más profundo agradecimiento a quienes considero parte y esencia de ese proceso:

A mis compañeros, usuarios, familiares y voluntarios del Centro Ocupacional San Vicente de Paúl, de Proyecto Hombre y del Centro MonteAlminara (antiguo CTA). Con ellos y de ellos he aprendido lo fundamental que pueda haber en este libro.

A todos los profesionales que trabajan en la promoción de hábitos saludables, en especial en Andalucía y, con el mayor cariño, a todos mis compañeros de las áreas sanitarias de Axarquía y Serranía de Málaga.

A todos los amigos y compañeros que, de manera generosa, me han aportado información, orientaciones o materiales para la elaboración del libro. Especialmente a Arun Mansukhani, Francisco Cabello, Vanesa Rubia, María Soto, Florencio Ramos, Daniel López, Belén Pardo y Juan José Soriano.

Y gracias en especial a mi hermano Rafa, por sus ilustraciones y por alentarme en todos mis proyectos; y a Yose, Dani y Guille, por su confianza y su apoyo.

TÍTULOS DE LA COLECCIÓN

1 Juan José Jurado, NO TENGO TRABAJO ¿QUÉ PUEDO HACER?

2 Antonio Soto, LAS NUEVAS ADICCIONES ¿QUÉ SON? ¿CÓMO AFRONTARLAS?

3 Luis López, CLAVES PARA ENTENDER LA CRISIS MUNDIAL

4 Toti Fernández, VÍSTETE Y TRIUNFA. INFLUENCIA DE LA MODA EN LA VIDA COTIDIANA

5 Miguel Álvarez, LA SEXUALIDAD Y LOS ADOLESCENTES. CONCEPTOS, CONSEJOS Y EXPERIENCIAS

6 Ángel Moreno, CÓMO EDUCAR A UN BEBÉ

7 Esther Soria y Laura Soria, CON LA ALIMENTACIÓN NO SE JUEGA

8 Arántzazu García, Ana Ferrández y Susana Martín, NOSOTROS PODEMOS. INTEGRACIÓN DE LOS DISCAPACITADOS EN LA SOCIEDAD ACTUAL

9 Adolfo Muñiz, BASES PARA UNA BUENA EDUCACIÓN MUSICAL

10 M. Natividad Soto y Lola Ortega, LA COMUNICACIÓN CON TU BEBÉ

11 Carlos Molinero, ADOLESCENTES EN CONFLICTO. CÓMO RECUPERAR LA ARMONÍA PERDIDA

12 Juan Carlos Sánchez, FAMILIAS EN CONFLICTO

13 Ángel Moreno, CÓMO CUMPLIR AÑOS SINTIÉNDOTE JOVEN